Contrasto insuffisant
NF Z 43-120-14

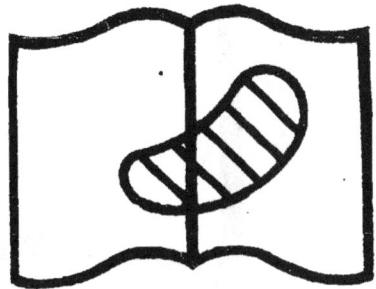

Illisibilité partielle

Valable pour tout ou partie
du document reproduit

Couverture inférieure manquante

Original en couleur

NF Z 43-120-8

SIÉGE

LA ROCHELLE

JOURNAL CONTEMPORAIN

(20 Juillet 1627 — 4 Juillet 1630)

AVEC PLANCHE ET FAC-SIMILE

PUBLIÉ

d'après le manuscrit appartenant à M. F. Racaud

LA ROCHELLE

A. THOREUX
Libraire-Éditeur
1, RUE DU PALAIS, 1.

PARIS

J.-B. DUMOULIN
Libraire
13, QUAI DES AUGUSTINS, 13

1872

(3)

Hommage de l'auteur

De Richemond

SIÉGE

DE LA ROCHELLE

Début d'une série de documents
en couleur

SIÉGE

DE

LA ROCHELLE

JOURNAL CONTEMPORAIN

(20 Juillet 1627 — 4 Juillet 1630)

AVEC PLANCHE ET FAC-SIMILE

PUBLIÉ

d'après le manuscrit appartenant à M. E. Racaud

LA ROCHELLE

A. THOREUX

Libraire-Éditeur

1, RUE DU PALAIS, 1.

PARIS

J.-B. DUMOULIN

Libraire

13, QUAI DES AUGUSTINS, 13

1872

SIÈGE DE LA ROCHELLE PAR LOUIS XIII ROI DE FRANCE.

d'après les gravures du temps par J. B. Scotin, mêtit.

Fin d'une série de documents
en couleur

A M. PAUL MARCHEGAY

MEMBRE NON RÉSIDANT DU COMITÉ HISTORIQUE

CHEVALIER DE LA LÉGION-D'HONNEUR ET OFFICIER DE L'INSTRUCTION PUBLIQUE.

Respectueuse gratitude,

L. de R.

Trois choses nous paraissent recommander le livre que nous offrons au Public: le sujet, la date, l'auteur.

Le sujet est assez indiqué par le titre.

La date est indiscutable: le récit est contemporain des faits, écrit au jour le jour. Le manuscrit sur lequel nous le publions est une copie contemporaine elle-même de la rédaction; le papier, l'encre, et surtout l'écriture, ne peuvent laisser à cet égard aucun doute.

L'auteur reste inconnu; mais à défaut de son nom, nous pouvons donner avec une grande vraisemblance ce qui importe peut-être davantage: sa position dans la ville. On sait qu'en imprimant

1

une seconde édition de son Journal du Siége, *Pierre Mervault déclare qu'il s'est beaucoup servi pour l'augmenter « de vieux Mémoires qu'on a rencontrés chez* l'un de ceux qui avoient assisté aux délibérations du Conseil de la ville pendant ce siége.» *Or, plusieurs de ces additions se rencontrent en effet dans notre livre, l'une surtout qui établit presque certainement que ce sont là les mémoires dont Mervault a fait usage; ce sont les faits racontés sous la date du 10 août 1627, relatifs à une prétendue* conspiration contre le duc de Bouquinquan et M. de Soubize. *Il est surtout difficile de douter que la note marginale de la page 55 de la seconde édition de Mervault (Rouen 1671), ait été empruntée à notre manuscrit.*

Nous avons donc tout droit de dire que cette nouvelle relation du siége de 1628 a été écrite par un témoin bien placé pour connaître les faits dont il parle.

CONSTRUCTION DU FORT-LOUIS, CONTRAIREMENT AUX TRAITÉS,

CAUSE OU PRÉTEXTE DE LA GUERRE.

Le fort Louis, bâti devant la Rochelle durant la guerre de 1621 et 1622 et qui, par les articles de la paix, devoit être démoli, ne l'ayant toutefois pas été, donna sujet aux mouvements qui suivirent, dans les années 1625 et 1626. La paix qui suivit fut traitée par l'entremise du Roi de la Grande-Bretagne et de Messieurs des Etats-Généraux, qui donnèrent toute assurance que ledit fort seroit démoli, comme en ayant parole, disoient-ils, du Roi. Particulièrement les ambassadeurs d'Angleterre en donnèrent une déclaration par écrit.

Selon qu'il étoit convenu par les articles de ladite paix, la Rochelle démolit le fort de Tasdon, congédia ses gens de guerre, et satisfit à tout ce qui lui avoit été prescrit.

Peu après, y arrivèrent des commissaires de Sa Majesté, pour l'exécution de ce qui lui avoit été promis, lesquels, y firent un fort long séjour, non sans soupçon des

Rochelois, qui ne voyoient pas grand fruit de leur arrivée, le fort subsistant toujours, la citadelle de l'île de Ré se bâtissant en grande diligence, et les garnisons de Marans et autres entours se fortifiant de nouvelles recrues, au lieu d'être licenciées.

La plupart ont cru que les Rochelois craignant la conséquence de cela, ménagèrent secrètement vers le Roi de la Grande-Bretagne afin qu'il leur fît valoir le traité duquel il avoit été garant. Mais la vérité est qu'absolument rien de tel n'a été ménagé par ordre public ; seulement M. le duc de Rohan s'ouvrit à quelques particuliers qu'il croyoit avoir créance dans la ville, du ménagement qu'il faisoit vers ce prince par le moyen du sieur de Saint-Blancard, qu'il avoit envoyé le solliciter d'employer ses armes pour l'exécution du traité dont il s'étoit établi garant, puisqu'il ne le pouvoit obtenir par voies amiables.

Ces particuliers tinrent cela secret entre eux et ne s'en ouvrirent qu'à peu de personnes. Cependant il s'entendoit divers bruits de grands préparatifs qui se faisoient en Angleterre ; ce qui ne donnoit pas peu à penser aux principaux de la Rochelle, prévoyant que si cet orage se venoit décharger sur eux, leur condition, au lieu de devenir meilleure, pourroit empirer.

P. MERVAULT.

SIÉGE

DE LA ROCHELLE

—

L'apparition de l'armée angloise

Le mardi 20 juillet 1627, l'armée angloise parut devant Ré, et mouilla l'ancre ledit jour en la rade du Fief, près Saint-Martin, capital bourg de ladite île de Ré.

Jeûne célébré à la Rochelle.

Le mercredi 21 dudit mois, fut célébré un jeûne en cette ville, où étant au premier prêche, M. le Maire fut averti par un des capitaines qui étoit de la compagnie de Saint-Sauveur, en garde à la Chaîne, qu'un gentilhomme anglois, nommé Ferdinand de Gorgot, gouverneur de Bastable en Angleterre, désiroit parler à M. [1] le Maire, de la part du duc de Bouquinquan, [2] chef de l'armée navale angloise. Le Maire sort à l'issue de la première action du jeûne, et furent députés pour parler audit gentilhomme anglois, M. Prou, eschevin, et M. Rifauld, [3] pair, pour prier ledit sieur gentilhomme de se retirer et que M. le Maire ne pouvoit lui parler à cause du jour de dévotion en laquelle on étoit ; ledit gentilhomme anglois étoit accompagné d'un gentilhomme françois nommé M. de la Blaguière, [4] lequel avoit laissé la ville trois ou quatre jours auparavant, avec M. de Sauvigny ; [5] tous deux avoient fait toutes sortes d'affaires et services à mondit sieur le Maire [6] et néanmoins, à l'insu dudit Maire, s'en étoient allés trouver ladite armée, tellement qu'il fut interdit audit sieur de la Blaguière, de venir en ville, parce qu'il s'en étoit allé sans la permission du Maire et sans lui avoir communiqué son dessein.

Arrivée de M. de Soubize à la Rochelle.

Le jeudi 22 juillet, jour de la fête de Magdelaine, descendit à terre, au lieu de Coureille, en l'anse que l'on appelle l'anse des Meugles, Monseigneur de

(1) Guillaume Becker (Mervault).

(2) Georges Villiers, duc de Buckingham, né en 1592 et assassiné en 1628 par Felton.

(3) Jean Prou et Jacques Riffault (M.)

(4) La Blaquière, gentilhomme du Languedoc (M.)

(5) De Saisigny (M.)

(6) Jean Godeffroy, sieur du Richard (M.)

Soubize [1] accompagné du sieur Ferdinand, gentilhomme anglois, qui s'étoit présenté le jour précédent
à la Chaîne pour entrer avec d'autres gentilshommes,
et vint à la porte Saint-Nicolas, ce que voyant le
Maire envoya au-devant pour avertir ceux de la
garde de ne pas les laisser entrer avant qu'il leur
eut parlé, et pour cet effet il s'achemina à ladite
porte où commandoit M. Tessereau [2] l'aîné, pair de
la Rochelle. On avoit déjà laissé entrer ledit sieur
de Soubize jusqu'au corps-de-garde le plus près
de la ville, où M. le Maire le rencontre et le salue et
toute sa compagnie. Le Maire lui représente le tort
qu'il nous faisoit d'entrer en ville et de nous jeter
en une grande guerre, où nous nous voyions sans
aucune apparence de lever nos semis. Le sieur de
Soubize lui répondit qu'il venoit pour voir sa mère, [3]

(1) Benjamin de Rohan, duc de Soubise, fils de René II comte de
Rohan et de Catherine de Parthenay, né en 1583 et présenté au
baptême au nom de la ville de la Rochelle par quatre magistrats
municipaux: de Courcilles, Esprinchard, Guiton et Jacques Thévenin; mort célibataire à Londres, le 9 octobre 1642, et enterré
dans la chapelle de Westminster.

(2) Mathieu Tessereau, pair de la commune et conseiller au
Présidial, né en 1594 du mariage d'Abraham Tessereau, aussi pair
et de Pérette Degory, oncle d'Abraham Tessereau, conseiller,
secrétaire du Roi, maison, couronne de France et ses finances
(1626-1691), auteur de l'Histoire chronologique de la grande
chancellerie de France et de l'Histoire des Réformés de la
Rochelle de 1660 à 1685.

(3) Catherine de Parthenay, dame de Soubise, mariée en 1575
à René, vicomte de Rohan; décédée le 26 octobre 1631.

qu'il n'avoit vu depuis trois ans ainsi que sa sœur,
laquelle étoit malade, et qu'il ne vouloit demeurer
que trois heures en ville.

Descente de l'armée angloise devant Ré.
Combat et mort des principaux de l'armée du Roi.

Ledit jour, l'armée angloise, sans attendre ledit
sieur de Soubize, fait descente en Ré, au lieu de
Sablanceau, où l'Anglois met quelque neuf cents
hommes à terre en deux escouades, où se présente
pour les empêcher le sieur de Torrax, [1] gouverneur
pour le Roi, avec trois cents chevaux et deux mille
hommes de pied, dont étoit le régiment de Champagne, conduit par M. de Contamine, lequel se
présente pour empêcher ladite descente, ce qu'ils
ne purent faire ; même perdirent presque toute
leur cavalerie, la plupart de tous lesdits seigneurs
et gentilshommes morts ou prisonniers. S'ensuit le
nombre des seigneurs morts : le frère de M. de
Torrax, ledit sieur de Contamine, le baron de Cauze
(Cozes), le baron de Lavaille. [2] Résolution de ce

[1] J. du Caylard de Saint-Bonnet, maréchal de Toiras, né en
1585, décédé en 1636.

[2] François de Montaut, baron de Navailles, gentilhomme
ordinaire de la chambre du Roi, avait épousé à la Rochelle, au
mois d'octobre 1623, Elisabeth Mignonneau, fille du maire de
1573, et veuve d'Isaac Arnault, conseiller du Roi en ses conseils,
et intendant des finances.

Mervault ajoute à la liste des morts, le baron de Chantal,
Montagne de Xaintonge, Bussac le fils, Montbrun, la Boisson-
nière, la Lande Saint-Luc, et il cite au nombre des blessés, le
baron de Saint-Surin, le comte de Marennes et Saugeon de
Bourlay.

qu'ils délibéroient faire leurs descentes, et mirent ledit jour huit cents hommes à terre et quelques cent cinquante chevaux, et se retranchèrent à la pointe dudit lieu de Sablanceau où ils prirent position.

Proposition faite par M. de Soubize à Messieurs de cette ville.

Ledit jour, M. de Soubize, pendant le combat, avec le milord anglois, fit quelques propositions à M. le Maire touchant l'affaire qui les menoit en ce pays avec leur si puissante armée navale composée de quatre-vingt douze vaisseaux de guerre où y avoit dix grands ramberges, le moindre de deux cents tonneaux, avec quelques autres soixante vaisseaux portant munitions de bouche et de guerre, cavalerie au nombre de deux cents chevaux, tant pour le combat que pour l'artillerie. M. le Maire fit tout à l'instant sonner le Conseil pour aviser à l'affaire proposée par ledit sieur de Soubize, et fut par ledit Conseil ordonné que les commissaires seroient nommés au nombre de vingt desdits quartiers ordinaires de cette ville, savoir de la Maison de ville, des bourgeois, des pasteurs et de la justice, [1] afin de faire réponse audit sieur de Soubize et audit milord anglois, ce qui ne fut pour ledit jour et jusques au lendemain, qui occasionna ledit sieur de Soubize de coucher en ville pour attendre la réponse.

[1] Le Présidial refusa d'assister à ce Conseil (M.)

Assurées nouvelles de la descente des Anglois.
Mort de M. de Saint-Blancart.

Le vendredi, 23ᵐᵉ jour dudit mois, vinrent
assurées nouvelles de la descente de ladite armée
où fut assuré de rechef la victoire avoir été obtenue
par ladite armée angloise, et fut apporté le corps
dudit sieur de Saint-Blancard [1] en cette ville pour
être inhumé, ce qui fut fait ledit jour au cimetière
de Saint-Sauveur ; ledit sieur de Torrax envoya
au sieur de Bouquinquan un trompette pour
demander les morts pour les faire enterrer.

Réponse faite par le Conseil à M. de Soubize.

Ledit jour on donna réponse audit sieur de
Soubize du résultat fait par lesdits commissaires, le
Conseil ayant été tenu au son de la cloche, à la
manière accoutumée, pour approbation de ce
qu'avoient fait lesdits commissaires.

Descente de la cavalerie angloise et du canon.

Ledit jour, lesdits Anglois se voyant avec un si
grand avantage résolurent de poursuivre leur
pointe, et pour cet effet, firent descendre leur canon

---

(1) Jacques de Gaultier seigneur de Saint-Blancard, nommé
amiral en 1621 par l'assemblée de la Rochelle, était, dit Rohan,
« un jeune homme dont la piété, le courage et l'entendement
» combattoient à l'envi à qui le rendroit plus illustre. »

à terre, avec leur cavalerie et l'équipage requis pour aller attaquer le bourg de Saint-Martin où s'étoit retiré le peu de cavalerie qui leur restoit avec leurs gens de pied.

Députés nommés par le Corps-de-ville pour aller au devant de M. le duc de Bouquinquan.

Le même jour, furent députés, par Messieurs du Corps-de-ville, les bourgeois et pasteurs qui avoient été nommés pour aviser auxdites affaires et nommés M. des Herbiers, eschevin, [1] et M. Goyer, [2] de la part des bourgeois, pour aller au-devant de Monseigneur le duc de Bouquinquan, général de l'armée angloise.

Retour de M. de Soubize en Ré.

Le samedi 24 dudit mois, le duc de Soubize retourna à l'armée, accompagné de M. de Loudrière

[1] Isaac Blandin, sieur des Herbiers, fils de Johan Blandin, maire de 1579, et d'Anne Goizy, fut baptisé le 19 novembre 1567, devint membre du Corps-de-ville en 1595, succéda en 1603 à son père comme échevin, devint capitaine général de l'infanterie en 1616, député au Roi en 1619, maire en 1621, sergent major général le 8 décembre 1627. Il épousa Esther Genetreau, mariée en secondes noces à André Charron, président au Parlement de Bordeaux. La famille Blandin portait « d'azur au chevron d'or à la belette passante d'argent en pointe, au chef de gueules chargé de 3 étoiles d'or. »

[2] Docteur en médecine et médecin ordinaire de la Rochelle.

(1) et de plusieurs gentilshommes et soldats, au nombre de cinquante ou soixante et furent s'embarquer hors la porte Saint-Nicolas.

Jour auquel partirent les députés de la Rochelle.

Ledit jour bougèrent lesdits sieurs des Herbiers et Goyer, députés, sur les trois heures après midi, pour aller au-devant du duc de Bouquinquan, et M. le Maire leur fit abattre la chaîne.

On apprit la nouvelle que lesdits Anglois étoient encore audit lieu de Sablanceau, attendant que leur canon fut à terre pour s'en aller attaquer le bourg de Saint-Martin et la citadelle qu'y avoit fait faire le sieur de Torrax.

Descente du duc de Bouquinquan avec le reste de son armée.

Le dimanche 25 dudit mois, M. le duc de Bouquinquan met pied à terre avec M. de Soubize, où ils firent marcher toute leur armée en bataille, tant cavalerie qu'infanterie, en un fort bon ordre, en présence des députés de cette ville, et vinrent se camper au-dessus de la Flotte et partie dans ledit bourg.

(1) René de Tallansac, seigneur de Loudrière, sénéchal à la justice de la ville et gouvernement de la Rochelle, avait épousé en 1602 Françoise de Colligny, petite fille de l'amiral.

Retour des députés de cette ville.

Le lundi 26 dudit mois, retournèrent nos députés où ils laissèrent l'armée près du bourg de Saint-Martin, en bataille; le sieur de Torrax se fortifie et se barricade dans ledit bourg de Saint-Martin qu'il fait piller et fait porter tout en la citadelle; y fait aussi mener le reste de la cavalerie, où se retirent les habitants papistes de ladite île et ceux de la religion qui y voulurent aller, ce qui fut remis à leur volonté par la permission que leur en donna ledit sieur Torrax.

M. de Torrax quitte le bourg de Saint-Martin
et se retire à la citadelle.

Le mardi 27 dudit mois, le sieur de Torrax quitte le bourg, fait brûler tous les navires anglois qui étoient dans le havre et quelques autres, met le feu en quelques maisons les plus proches de la citadelle, se résout d'attendre l'armée angloise, laquelle sur le soir vint se loger dans ledit bourg et lieux à l'entour, fait ses approches et retranchements, fait de rechef descendre du canon du côté de Bernonville, travaille à le faire monter, fait toute la semaine toutes ses plateformes et mettre son canon et un haut cavalier pour battre dans la citadelle.

Sommation faite à ceux de la citadelle.

Le dimanche 1er août, ledit sieur duc envoie un trompette à la citadelle pour sommer ledit sieur de Torrax de se rendre, lequel lui dit qu'il ne pourroit lui faire réponse que jusques au lendemain.

Réponse du sieur de Torrax.

Le lundi 2 août, ledit sieur Torrax, au lieu de faire réponse, envoie, dès le point du jour, trois balles de canon en ledit bourg, ce que voyant ledit sieur duc, et n'ayant pour lors que cinq pièces de canon en batterie les fait tirer contre la citadelle presque toute la matinée, où il fut démonté deux pièces de la citadelle et une de celle dudit duc de Bouquinquan par un boulet qui venoit de ladite citadelle, lequel donna droitement dans la bouche du canon, lequel le fit crever, ce qui a été assuré pour vrai.

Duc investi près de la citadelle.

Ledit jour, ledit sieur duc fut averti que en la citadelle on chômoit d'eau, et pour cet effet ils avoient mis tous les chevaux dehors, et à la plupart coupé les jarrets, et qu'ils alloient à un puits, près de la portée d'un mousquet, lors de minuit, étoient venu pour puiser, ce qui y fut remédié et envoya gens en embuscade qui prirent vingt-huit ou trente soldats prisonniers de la citadelle, comblèrent ledit puits aux regrets des assiégés.

Conspiration faite contre M. le duc de Soubize.

Le mardi 10 d'août, fête de Saint-Laurent, continuant à faire leurs approches et tranchées, fut trouvé un jeune gentilhomme âgé de 22 ou 23 ans, qui étoit caché en quelque vigne proche la citadelle, lequel étant interrogé d'où il venoit, confesse qu'il étoit sorti de la citadelle pensant se sauver, où il fut mené par lesdits soldats anglois à M. le duc de Bouquinquan, lequel l'interrogeant le trouva tout extravagant en ses discours et chancelant en sa personne, ce qui fut cause qu'il le fit visiter, pensant trouver quelques lettres pour apprendre quelque chose ; mais, au lieu de lettre, on lui trouve un fort grand couteau tranchant des deux côtés et tout frais effilé. L'on s'enquiert de ce qu'il vouloit faire dudit couteau ; ne voulut confesser jusques à ce qu'il fut mis à la question, où il dit qu'il confesseroit tout, si on lui vouloit donner la vie, ce qui lui ayant été promis, dit qu'il y avoit huit jours qu'il étoit sollicité par M. de Torrax à sortir hors avec ledit couteau, afin de tuer ledit sieur duc ou M. de Soubize ; ce qu'ayant pris la confession dudit gentilhomme des plus qualifiés qu'il eut, envoie un tambour à la citadelle pour prier M. de Torrax de lui envoyer six gentils-hommes pour conférer des choses avec eux, lesquelles il ne pouvoit écrire, et que de sa part il lui enverrait aussi six des siens pour ôtages, ce qui fut accordé ; et furent envoyés de la part dudit sieur

de Torrax six gentilshommes au nombre desquels
étoit M. des Roches-Baritault, [1] lesquels arrivés et
menés jusques en la maison dudit sieur duc, les
yeux bandés, selon la manière accoutumée des gens
de guerre, les fit débander et les salue, leur dit qu'il
leur vouloit faire voir certain homme et s'ils le
pouvoient connoître ; au même instant, commanda
qu'on lui amène ledit gentilhomme les yeux bandés,
étant arrivé lui demande si ce qu'il avoit ci-devant
confessé étoit véritable ; lui dit oui, et lui fit
prononcer les paroles qu'il avoit dites, en présence
desdits gentilshommes ; cela fait, le fit débander, et
lors lui demande s'il connoissoit ces gentilshommes
qui étoient là ; dit oui, et que même il y en avoit
deux présents lorsque ledit sieur de Torrax lui fit
promettre de faire ce détestable coup, ce qui
étonna grandement lesdits gentilshommes ; néanmoins, ils furent reconduits en la citadelle sans
aucun mal, et pareillement ramenés les autres qui
y étoient pour ôtages.

Entrée de M. le duc d'Angoulême en ce Gouvernement.

Le vendredi 13 août 1627, le duc d'Angoulème
s'achemina en ce gouvernement et vint loger à

---

(1) Le comte de Grassais, fils de Chasteaubriand, sieur des
Roches-Baritaud, d'une branche de la famille de l'auteur du
GÉNIE DU CHRISTIANISME, portait comme lui « de gueules semé de
fleurs de lys d'or sans nombre. » — Le château des Roches-
Baritaud (par Chantonay, Vendée), appartient aujourd'hui à M.
Paul Marchegay.

Dompierre avec toute son armée, tant à pied qu'à cheval, avec vingt-deux pièces de canon, tant petites que moyennes, et les plaça en le cimetière de Dompierre, et lui se vint loger au château dudit lieu de Dompierre, d'où il vint le lendemain, samedi 14, au lieu d'Aistré pour connoître la situation du lieu et voir la ville, où il demeura et se logea en la maison des Rouaux, où il manda toute son armée, et le lendemain fit venir son canon.

Députation faite par Messieurs de cette ville vers
M. le duc d'Angoulême.

Le samedi furent députés M. David, [1] eschevin de cette ville, et M. Goyer l'aîné, pour aller par devers M. le duc pour lui faire certaines plaintes des concussions et ravages que faisoient ceux de son armée, et même de ce qu'ils empêchoient que les blés, et autres commodités, n'entrassent en cette ville contre la promesse qui avoit été faite de n'entrer même en le gouvernement, et vu qu'il n'y avoit de guerre déclarée ; ce qui fut fait réponse par ledit sieur duc qu'il ne faisoit rien que le Roi ne lui eut commandé. Ce que voyant, Messieurs de cette ville se résolurent à faire venir M. de Loudrière avec son régiment, ce qu'il fit incontinent être mandé et amena de Ré quelques cinq cents

---

(1) Jean David, armateur, né en 1568, nommé pair en 1602, en remplacement de son père Jacques.

hommes de pied avec leurs vivres, qui lui furent
fournis par M. de Bouquinquan, où ils laissèrent
le fort de la Prée investi de huit cents hommes, et
cinq cents hommes qu'ils laissèrent pour garder un
autre fort sur la pointe de Sablanceau; et amena
encore avec lui huit mille hommes, tant de pied
que de cheval, et douze cents soldats et autant
de matelots à proportion avec un grand nombre
de munitions, tant de bouche que de guerre,
qu'ils offrirent à MM. les officiers de la ville parce
qu'ils ne sont venus que pour les assister et
secourir, vu qu'ils étoient avertis de toutes parts
qu'on vouloit perdre la Rochelle et tous les seigneurs
et gentilshommes de remarque. Il fut fait offre de
la part de M. de Torrax audit sieur duc de mille
pistoles pour avoir lesdits corps. Ce qu'il trouva
fort mauvais et dit au trompette qu'il n'avoit à faire
d'argent et qu'il avoit affaire à un maître qui en
avoit assez, et qu'ils envoyassent pour reconnoitre
leurs corps et qu'il les donneroit sans argent; et
fit présent audit trompette de vingt *jacobus* qui
valent deux cents livres. Le trompette ayant fait
son rapport, ledit sieur de Torrax envoya M.
Danbleville [1] pour remercier ledit sieur duc de
ses bonnes courtoisies, et apporter liste des gentilshommes morts, au nombre de cent vingt-huit, et
rapporter qu'il avoit perdu quatre à cinq cents
hommes de pied ; fait sa recherche, fait emporter

(1) D'Ambleville.

lesdits seigneurs et barons les plus qualifiés ; font enterrer le reste, tant de part que d'autre ; et furent comptés cent onze chevaux demeurant sur la place, près le bord de la mer, sans compter ceux qui avoient été tués ailleurs. Ledit sieur Danbleville s'en retourna fort content pour les courtoisies qu'il reçut dudit sieur duc et de tous les siens, et admira l'armée angloise de les voir tous en si bon état et en si grand nombre, d'autant que l'on avoit donné à entendre qu'ils n'étoient pas cinq mille hommes, dont il vit apparemment le contraire, et qu'ils étoient pour le moins dix mille hommes à terre et tous bien couverts et bien équipés ; et étoient tous en bataille et y demeurèrent jusques audit jour qu'il fallut s'acheminer sur le bourg de Saint-Martin.

Commencement du fort dressé par ceux de cette ville, au Fournau.

Le jeudi 19 du mois d'août, audit an, sur les onze heures de nuit, fut commencé à dresser un fort au Fournau, près Tasdon, où on travailla toute la nuit à la faveur du régiment dudit sieur de Loudrière et d'une partie des habitants de cette ville qui étoient sortis pour escorter lesdits travailleurs.

Commencement de la citadelle par mer.

Le lundi 6 septembre 1627 venant au mardi 7 dudit mois, de nuit, sept à huit chaloupes et alléges allèrent en ladite citadelle, avec munitions de bouche ét de guerre, conduites par M. Mornière [1] avec une compagnie de gens de pied du régiment de Champagne, où il y avoit deux capitaines et huit sergents dudit régiment, sans avoir été aperçus par lesdits Anglois lorsqu'ils ont passé, qu'une ranberge qui leur tira quelques coups de canon, ce qui fut cause que ceux qui les suivoient, relâchèrent partie en le Plomb et le reste à Queue-de-Vache [2] et ailleurs.

Commencement du fort de Bongraine et de la Moulinette par les ennemis.

Le vendredi 10 dudit mois de septembre 1627, comme on aperçut qu'il se bâtissoit un fort à Bon-graine et l'autre à la Moulinette, même qu'on voyoit librement qu'ils étoient fort avancés, et comme en défense, et que ceux du fort de la Mothe venoient pour faire quelque redoute ou demi-lune entre ledit fort et le lieu de la Genette, l'on prit résolution de les en empêcher et, pour cet effet, il fut tiré trois coups de canon de la batterie près du moulin à vent de la Gourbeille (*aliàs* de la tour de la Cricque), où étoit commissaire le sieur Jour-nau, [3] ensemble du clocher de Saint-Sauveur; et pareillement par ceux dudit fort de la Mothe sur la ville fut tiré de toutes les batteries qui couvroient au lieu où étoient les ennemis, tant du côté de Saint-Nicolas qu'ailleurs, jusqu'à la nuit et encore le lendemain, samedi, jusque sur les huit heures.

(1) Morinière. — (2) Queue-de-Vache ou Coup-de-Vague. — (3) Journault.

Commencement du fort de Coureilles.

Ledit jour 13, audit an, venant au mardi, de nuit fut commencé le fort de la maison de Coureille ; ce qu'ayant ledit jour, mardi matin, aperçu que ledit fort étoit fort avancé par le moyen de nombre de gabions qu'on apportoit tout faits du lieu de Naiseré et qui furent à la pointe du jour tout remplis de terre, il fut tiré de la ville grand nombre de coups de canon tant desdites tours que desdites murailles de la Chaîne et Saint-Nicolas qui leur fit abandonner le travail jusqu'à la nuit.

Secours venu en Ré à l'Anglois.

Ledit jour fut apporté la nouvelle certaine qu'il étoit arrivé de secours à l'Anglois deux mille cinq cents hommes anglois venant d'Irlande, lesquels mirent pied à terre le lendemain en ladite île ; en même temps furent pris trois chaloupes qui alloient pour porter des munitions en Ré, tant de bouche que de guerre.

Arrivée de M. le duc d'Orléans, frère du Roi, à Aistré.

Le mercredi 15 dudit mois, Monsieur, frère du Roi, arriva à Aistré sur les trois heures après midi avec toute sa troupe, tant de cheval que de pied, pour voir les forts qui avoient été dressés tant audit lieu de Bongraine qu'à Coureille, où quelque cavalerie et gens de pied demeurèrent jusqu'au fort près de Fournau, où il se fit quelques escarmouches, dont il en demeura de morts de ceux de Monsieur, [1] au nombre de trente-cinq à quarante et quinze à vingt cavaliers et un grand nombre de blessés; de ceux de cette ville, il n'en fut tué qu'un, nommé Rosignol [2] l'aîné, marchand de cette ville qui étoit de hoste; cedit jour, il fut tiré plus de soixante à quatre-vingts coups de canon de cette ville, tant des batteries des murailles de la Chaîne, du Gabut, de Saint-Nicolas, que de la tour et du clocher de Saint-Sauveur, ce qui fut cause que le gros de l'armée n'osa approcher et qu'il y eût une fort grosse alarme ledit jour.

Seconde entrée de M. de Soubize en cette ville.

Pendant ce combat, M. de Soubize entra pour la seconde fois par mer à la Rochelle en sa galiotte, accompagné d'une petite patache de la ville qui fut ci-devant à M. Périer; il leur fut tiré, par le fort de la Mothe, quelques coups de canon, et à la petite patache pareillement.

Commencement du fort, près de Coureille, en l'anse des Meugles.

Le vendredi de nuit venant au samedi 13 dudit mois, fut commencé le fort près le bord de la mer, vers Coureille, au lieu nommé l'anse des Meugles, ce qui fut aperçu par les Rochelois qui tirèrent quelques coups de canon, en ne leur pouvant guère rien faire, à cause de la grande distance qu'il pouvoit y avoir.

(1) Entr'autres le sieur de Maricour. (M.) — (2) Rossignol.

Second avitaillement de la citadelle de Ré.

Le mardi, de nuit, 28, venant au mercredi, il fut aperçu quatre chaloupes de munitions de bouche et de guerre qui alloient dans la citadelle ; deux furent prises, une brûlée et l'autre fut échouée à la citadelle, conduite par le sieur de la Richardelle, [1] lequel fut jeté dans la mer avec tous les mariniers et soldats qui étoient dans les deux chaloupes ; sur celle qui étoit échouée, il fut tiré par les navires plus de cinq cents coups de canon qui finalement la mirent en pièces et firent perdre la plus grande partie des munitions qu'elle leur portoit. Il fut tué M. de Monferie, frère de M. de Torrax, gouverneur de ladite citadelle, d'un coup de canon des navires ; le coronel Bordau, anglois, fut aussi tué par ceux de la citadelle en allant reconnoître quelques fortifications. La même nuit, il fut pris une demi-lune par les Anglois, lesquels furent chassés par ceux de la citadelle où ils perdirent plus de trois cents hommes, et les Anglois trente ou quarante au nombre desquels étoient deux capitaines et trois enseignes.

Chaloupes et barques qui se présentent pour avitailler la citadelle et qui furent la plupart prises.

Le jeudi, dernier jour de septembre 1627, sur les cinq heures du matin, on aperçut quinze ou seize chaloupes et barques qui étoient vers la côte de

(1) La Richardière.

Ré, près de la Flotte ; elles étoient parties la nuit
de Queue-de-Vache pour mener des munitions, tant
de bouche que de guerre, en la citadelle, en fort
grand nombre ; ayant été vues par un navire
mouillé près de ladite citadelle, qui leur tira quelques coups de canon, le capitaine Jean Foran, chef
des chaloupes françoises qui étoient destinées pour
la garde et pour empêcher qu'il n'entrât dans la
citadelle, les poursuivit de telle façon qu'il en prit
quatre et en mit deux à fond ; trois autres
s'échouèrent à la pointe de l'Aiguillon où il prit
partie de leurs munitions, et ne pouvant amener
le reste à cause de ceux du fort, les autres
chaloupes se sauvèrent tant à la Fosse qu'en la
rivière de Marans. Je remarque qu'audit combat
il est demeuré plus de cent à six vingt hommes,
tant gentilshommes que soldats et mariniers ; il y
avoit dans l'une des barques prises quinze à seize
milliers de poudre et un grand nombre de boulets,
minot, bœuf, lard, fèves et pois, qui auroient pu,
si elle eut entré, servir plus de deux à trois mois.
Au nombre desquels gentilshommes étoit Monsieur,
frère du Roi.

Avitaillement fait par Grazillier à la citadelle.

Le vendredi matin, 15 octobre 1627, sur les cinq
heures, il fut aperçu trente-cinq barques, flûtes,
chattes, bateaux et chaloupes par les mêmes
Anglois, lesquels étoient partis d'Olonne chargés

de toutes sortes de munitions, tant de guerre que
de bouche, avec nombre de soldats conduits par
Razilly et autres capitaines, lesquels passèrent
au nombre de quatorze ou quinze desdits vaisseaux
et s'échouèrent tous contre ladite citadelle avec leurs
munitions qu'ils ne purent pas si promptement
décharger que lesdits Anglois, tant par terre
que par mer, ne les brisassent à coups de canon et
ne fissent perdre partie de leurs munitions ; le reste
fut pris par lesdits Anglois ou sauvé tant au
port de Queue-de-Vache qu'au Plomb ; il fut pris
leur amiral où commandoit ledit Grazillier, [1]
qui fut mené prisonnier à Saint-Martin, et étoit
chargé, ledit navire amiral, de poudre et de boulets,
et autres munitions de bouche, de plus lui seul
que ceux qui étoient échoués dans la citadelle.

Le mardi ou mercredi, 12 ou 13 du mois d'octobre
1627, le Roi arrive au lieu d'Aistré avec quatre mille
hommes et seize pièces de canon.

Députés de la Rochelle de retour de Ré qui rapportent que les
Anglois étoient en volonté de se retirer.

Le mercredi 15 d'octobre dudit an 1627, M.
Guiton, [2] eschevin, et M. Dufaux (Defos) étant
de retour de Ré pour quelque députation, firent
rapport à M. le Maire Godeffroy que les Anglois
étoient sur le point de se retirer, et pour cet effet

(1) De Launay Razilly. (M.)
(2) Guiton, Jean, écuyer, sieur de Repose-Pucelle.

avoient fait embarquer le canon qu'ils avoient à
terre et autres munitions ; ce que voyant, M. le
Maire à son conseil, y fit promptement remédier
et bougèrent ladite nuit M. de Loudrière, M. Foran,
et MM. des Herbiers [1] et David, députés en cette
ville, là, où étant arrivés, ils remirent les choses
en leur premier état.

Prise des trois chaloupes sortant de la citadelle où fut pris le fils de la Richardelle.

Le 18 dudit mois d'octobre audit an, furent pris
trois chaloupes qui sortoient de la citadelle pour
passer à la grand'terre, où étoient le sieur de la
Richardelle, lequel fut tué avec vingt-cinq ou trente
soldats, le reste pris prisonniers, et la vaisselle
d'argent dudit Torrax, avec les plus précieux de ses
meubles qu'il envoyoit à la grand'terre ou au fort
de la Mothe, sous la conduite dudit Richardelle.

Réception de deux cents Anglois amenés en cette ville par M. des Herbiers.

Le 19 dudit mois, reçumes quelques deux cents
Anglois qui furent amenés par M. des Herbiers,
lesquels furent logés selon le département qu'en
firent les commissaires.

(1) Des Herbiers (Isaac Blandin, s'), né en 1567, échevin en 1613,
maire en 1621, marié à Esther Geneteau, portait « d'azur au
chevron d'or à la belette passante d'argent en pointe, au chef
de gueules chargé de trois étoiles d'or. »

Envoi des soldats de cette ville en Ré, au lieu des Anglois.

Le 21 dudit mois furent envoyées trois compagnies d'infanterie de cette ville en l'île de Ré au lieu des Anglois et depuis continué jusqu'à ce qu'il y en ait eu jusqu'à sept ou huit cents.

Secours envoyé au fort de la Prée et repoussé par les Anglois.

Le samedi 30 dudit mois d'octobre, [1] audit an, sur les huit heures du soir, [2] fait échouer quelques vingt-une ou vingt-deux chaloupes au devant du fort de la Prée, lesquelles avoient environ cinq à six cents hommes de pied et quarante chevaux avec quelques munitions, tant de bouche que de guerre, lesquels ayant mis pied à terre au lieu de la Prée pour aller audit fort proche ledit lieu, ledit sieur duc de Bouquinquan en ayant eu avis, fit acheminer la partie de son infanterie angloise audit lieu avec l'infanterie françoise qui arrivèrent si à point qu'ils n'eurent loisir de se retirer dans ledit fort, qu'il n'en demeurat sur la place plus de deux cents de morts sans compter les blessés [3] et prisonniers et furent

(1) 6 novembre, d'après Mervault.

(2) Du matin, d'après Mervault.

(3) Ils furent enfin contraints, après deux heures et plus de combat de se retirer avec perte de beaucoup de gens tués sur la place, entre lesquels étoient un capitaine et deux lieutenants anglois, et entre les François y furent tués le cadet d'Artiganoüe, Deslandes, etc. La compagnie de Savignac y fut fort malmenée. Des blessés furent Pluviau, cadet du Breuil, de Guire qui menoit

si vivement poursuivis par l'infanterie françoise qui avoit la première pointe, que si les Anglois les eussent secondés, ils enlevoient ledit fort et entroient tous dedans pêle mêle, et même y entrèrent trois des nôtres qui y furent retenus prisonniers et rendus le lendemain pour d'autres.

Alarme en la ville, à cause du feu épris en la maison de M. Guillen.

Ledit jour, sur le minuit, il y eut en cette ville une fort grosse alarme par le moyen du feu qui s'étoit épris en la maison de M. Guillen., en la rue du Castre, près le clocher de Saint-Sauveur, sans avoir su au vrai, comme il y étoit arrivé ; a été su depuis que ça fut par un soldat de l'ennemi qui s'étoit rendu en cette ville avec plusieurs autres pour faire le semblable ailleurs, selon que l'on a appris depuis, par la recherche qui en fut faite.

les Enfants perdus; il vécut jusques au lundi suivant, et fut enterré dans la Rochelle; il avoit un coup de mousquet dans les reins et un autre qui lui perçoit les deux cuisses, dont l'une étoit même rompue. Furent aussi blessés : le capitaine Bazan, d'une plaie fort douteuse dans l'épaule et comme de haut en bas; Meschinet, au bras, — (Samuel Meschinet, écuyer, sieur de Richemond, signa comme témoin, le 8 juillet 1628, V. S., le contrat de mariage d'Henry de Preissac, écuyer, sieur de la Chaize, avec Renée Réau, veuve d'Abel Barbot, écuyer, sieur de Lardaine, échevin de la Rochelle (Cousseau, étude de Mᵉ A. Fournier), — l'aîné d'Artiganoüe, à la cuisse mais sans fraction, et quelques autres dont on ne sait pas les noms, qu'on fit porter le lendemain à la Rochelle pour y être traités et pansés de leurs plaies. (Mervault, page 132).

Secours envoyé en Ré par ceux du parti du Roi, où on fait descente à Sainte-Marie.

Le dimanche 7 de novembre, de nuit, venant au lundi, plusieurs barques, allèges, chaloupes et bateaux chargés d'infanterie et de cavalerie firent descente du côté de Sainte-Marie et se tinrent coi ledit jour audit lieu, en attendant d'autres qui descendroient au fort de la Prée, lesquels se joignirent tous ensemble audit lieu de Sainte-Marie, au nombre de quatre mille hommes d'infanterie et quelques cent cinquante chevaux qui mirent tous en bataille, en divers escadrons, jusqu'au bourg de Sainte-Marie ; ce que voyant, ledit duc de Bouquinquan s'achemine pour faire retraite au lieu de Loye, où pour cet effet avoit disposé quelques jours auparavant un pont de bois afin qu'étant passé, de le faire rompre, ce qu'ils ne furent en peine d'autant que leur armée n'étoit que la moitié passée que leur pont rompt en passant une pièce de canon qui fut aperçue de l'ennemi, tellement qu'ils donnèrent vivement sur ceux qui étoient à passer, qui fut cause que ceux qui faisoient retraite, furent une partie noyés et autres blessés et pris prisonniers de ceux de l'ennemi du nombre furent (le général Montjoie et les milords Gray et Montagu ; les sieurs de Saisigny, de Saint-Siphorien et Clérac, parmi les François).

Rembarquement de l'armée angloise et de M. de Soubise.

Ce que voyant ledit sieur duc et que ses capitaines

avoient pris l'épouvante, se retirèrent au bord des
vaisseaux avec M. de Soubize; MM. les députés de
cette ville, ensemble tous les capitaines et soldats
françois qui se retirèrent le mercredi et jeudi
suivant en cette ville et fit la nuit du jeudi 11,
jour de Saint-Martin, venant au vendredi, une des
plus fortes tourmentes que l'on ait vu auparavant.

Armée navale angloise bougée pour s'en retourner.

Le mercredi 17 dudit mois de novembre 1627,
après avoir enduré une grande tourmente par
l'espace de cinq jours sans aucune perte de leurs
vaisseaux, tant grands que petits, mirent voile et
s'en allèrent, où M. de Soubize s'en alla avec eux,
plusieurs gentilshommes et capitaines qui avoient
demeuré de reste en ladite armée avec deux ou
trois cents soldats, avec toutes les pataches et
bateaux appartenant à ceux de cette ville, qui tous
suivirent l'armée dudit sieur de Bouquinquan avec
plusieurs habitants tant de cette ville que de Ré,
s'étoient retirés en cette ville ce qu'ils n'eussent
fait sans que le vent fut toujours contraire, qui les
occasionna de les suivre.

Députés de la Rochelle bougés pour s'en aller trouver
l'armée angloise.

Le jeudi 18 dudit mois de novembre, sortirent
de cette ville ledit sieur David, eschevin, Jean

Deheinse, [1] bourgeois d'icelle, et Vincent, l'un de nos pasteurs, tous députés pour aller trouver ladite armée et s'en aller avec icelle en Angleterre, tant pour remercier le Roi que pour le prier de continuer son assistance et faveur envers ceux de cette ville, où étant arrivés devant Saint-Martin, trouvoient l'armée bougée, tellement qu'ils furent contraints de suivre ladite armée pour tâcher de les attraper et firent leur route d'autant qu'ils ne purent relâcher à cause que le vent étoit contraire, ensemble plusieurs pataches, qui étoient sorties avec eux pour les escorter.

Capitaine Bragneau bouge pour porter des rafraîchissements
à l'armée angloise qu'il trouva être bougée.

Le lendemain vendredi, 19 dudit mois, partit de cette ville le capitaine Bragneau [2] avec quatre ou cinq

(1) Jean de Hinsse, né en 1585, fils de Mathurin de Hinsse et de Pérette Gire, épousa Marie le Maire, dont il eut quatre garçons : Pierre (1615), Jérôme (1617), Samuel (1627), Josué (1628), et une fille, Marie (1628).

(2) Daniel Bragneau, fils de Gabriel Bragneau et de Gabrielle Richard, né en 1582, marié en 1611 à Marguerite Mesnard, nommé pair en 1621, commandait en 1622 un des navires de la flotte rochelaise, devint commissaire du bureau de la marine en 1627; en 1635, il était qualifié capitaine de marine, entretenu pour le service au Roi, et montait la Renommée en qualité de lieutenant de M. de Chalar, ambassadeur près le roi de Maroc. La famille Bragneau portait « d'or fretté de gueules; » elle a fourni au xviii° siècle plusieurs officiers de marine et capitaines de navires marchands.

alléges chargées d'eau pour mener en ladite armée,
avec deux pataches pour les escorter là, où étant et
trouvant l'armée bougée, furent contraints de tenir
la mer et renvoyer lesdites alléges chargées d'eau,
où deux furent prises par les ennemis, et les autres
se rendirent en cette ville ; ledit capitaine Bragneau,
après avoir tenu la mer, se rendit en cette ville le
22 dudit mois de novembre, avec prises chargées
de munitions venant de la rivière de Charente et
s'en alloient à la citadelle de Ré.

*Le fort de Tasdon attaqué par l'armée du Roi sur les
quatre heures du matin.*

Le dimanche venant au lundi 13 de mars 1628, sur
les quatre heures du matin, l'ennemi ayant attaqué
le fort de Tasdon et pensant l'enlever, demeura
cent cinquante morts et blessés qui furent em-
portés par les ennemis, et ne purent le prendre
à cause que le jour le surprit, et fut fait ledit jour
prières générales tant en cette ville qu'audit lieu
du fort pour remercier Dieu de l'heureuse délivrance
qu'il nous avoit donnée, et y avoit en ledit fort
cinq compagnies, savoir : quatre de François et une
d'Anglois, et commandoient les capitaines Poylevin,
Beauchaîne, Manuel et Lespine, capitaines desdites
compagnies françoises, [1] qui tous se portèrent
vaillamment et courageusement avec leurs soldats,

---

(1) Pontlevain, Beauchamp, Manuel et l'Epine et le capitaine
anglais Tabor. (M.)

comme aussi firent les Anglois, si bien qu'on en
trouva encore six de morts sur la place et trois de
blessés qui furent portés à l'hôpital de cette ville,
dont il fallut couper la jambe à l'un, et confessèrent
que le samedi précédent venant au dimanche,
toute l'armée, en général, avoit été en bataille, toute
la nuit, du côté tant de la porte de Cougnes que
de Saint-Nicolas, où étoit M. le cardinal de Richelieu
[1] leur disant qu'il falloit enlever la place et falloit
attaquer par un côté où ils pourroient entrer en
l'eau jusqu'aux genoux et qu'il y avoit huit cents
hommes en la ville pour eux, qui les favoriseroient
et attendoient nombre d'échelles qui n'arrivèrent à
l'heure qu'ils leur avoient assignée, dont ils
prirent l'occasion de se retirer, ce qui n'en fut la
cause, mais que Dieu, par sa divine Providence,
leur donna une telle terreur et épouvante que lorsqu'ils furent prêts à donner et s'acheminer vers la
ville, il leur sembloit qu'ils avoient les bras et
les jambes rompues, ce qu'a certifié l'un desdits
prisonniers étant à l'hôpital et voulant rendre son
âme à Dieu, ce qu'il n'avoit voulu dire auparavant
et qui nous a été confirmé par plusieurs de leur
armée qui se seroient venu rendre en cette ville.

[1] Armand du Plessis, duc de Richelieu (1585-1642).
Ses Mémoires ont été publiés dans la collection Petitot. On peut
utilement consulter la biographie de son confident intime Leclerc
du Tremblay, plus connu sous le nom du père Joseph.

3

*Arrivée du capitaine David , avec sa patache, venant
d'Angleterre.*

Le mercredi, 21 de mars 1628, sur les six heures
du soir, le capitaine Jean David, [1] l'un des pairs
de cette ville, a passé au travers de l'armée navale
du Roi, laquelle étoit à Chef-de-Bois, et de la palissade
mise devant cette ville, venant d'Angleterre, nonobs-
tant lesdits navires et palissade et les coups de canon
qui lui furent tirés, tant des forts de Coureille et
de la Motche, et des navires, au nombre de plus de
deux cents, et poursuivi par les pataches du Roi
jusqu'à la portée du canon de cette ville, sans lui avoir
pu jamais tuer ni blesser pas un de ses hommes,
apporta nouvelles de nos députés, comme ils avoient
assurance du Roi d'Angleterre de nous donner tout
aide et assistance, et ce dans tout le mois d'avril
prochain, et pour cet effet il préparoit vingt ramberges et quatre-vingts grands vaisseaux de guerre
avec cent navires pour porter victuailles et les
soudards, lesquels étoient en nombre de trente à
trente-cinq mille pour mettre pied à terre ; ce
qu'avoient écrit lesdits députés, mais la crainte
qu'il eut d'être abordé, lui fit jeter à la mer, dès
Chef-de-Bois, le paquet qui fut peu de jours après
trouvé par les ennemis et présenté au Roi.

(1) Jean David, fils de Jean David, pair, et de Thiennette
Gaschot, obtint du Corps-de-ville une médaille aux armes de la
Rochelle, suspendue à une chaîne d'or et portant la devise :
PATRIÆ MAGNI SUNT DONA PERICLI.

Arrivée du capitaine Martin dit Sacremore, avec sa patache,
venant d'Angleterre.

Ledit jour, sur les huit heures du soir, arriva
une autre patache venant dudit lieu d'Angleterre,
où commandoit le capitaine Martin dit Sacremore,
ayant trente tonneaux de blé, tant froment que
seigle, et apportant lettre de nos députés confirmant
ce qu'avoit dit le capitaine David, ce qui étonnoit
grandement tout le peuple de cette ville, sans
l'accident qui leur arriva de toucher sur la grand'vase
de cette ville, étant poursuivi par les navires et
pataches du Roi, lesquels lui firent quitter leur
prise chargée de vin de Bordeaux; laquelle étoit
passée jusques au-delà de la palissade et eut entré,
vu que la mer perdoit, tellement que les ennemis
n'ayant pu rien faire à ladite patache, la voyant
touchée, se résolùrent au bas d'eau la venir attaquer,
ce qu'ils firent, et même avec des échelles montèrent quelques uns jusques au haut de ladite
patache où ils furent furieusement repoussés;
bien qu'il n'y eut de reste en ladite barque que
quatorze hommes avec le lieutenant, d'autant que
ledit capitaine étoit venu à terre avec quelques
hommes apporter le paquet de M. le Maire, le
reste qu'il avoit laissé en ladite prise, tellement
que ledit lieutenant fut tué et cinq de ses hommes, et fut envoyé à la marée une chaloupe
à bord avec quelques soldats et matelots où on fit
entrer ladite patache en la Chaîne sur les quatre

heures du matin, après un grand combat de la part des ennemis et de ceux de la ville.

Convocation faite de tous les habitants de la ville.

Le jeudi 29 de mars, audit an, fut fait convocation générale de tous les bourgeois et habitants de cette ville à la maison de l'eschevinage, au son de la cloche, à une heure après midi, où fut fait lecture des lettres écrites par MM. David, eschevin, et Vincent, pasteur, [1] et Jean de Hinze, bourgeois, tous députés de la ville en Angleterre, où ils mandent l'accueil que leur avoit fait ledit seigneur Roi et les promesses de nous assister tant de munitions de bouche que de guerre et que d'hommes, lesquels il promit nous envoyer dans ce printemps, et que pour cet effet il leur donnoit sa parole royale, et dont l'acte en fut lu en ladite assemblée, ce qui fut ratifié par MM. les Maire, eschevins et pairs, bourgeois et habitants de ladite ville par leur serment donné à M. le Maire, et ordonné qu'il seroit envoyé aux députés en Angleterre, à la première commodité que faire se pourra, et résolut de se joindre à eux pour notre défense, sans toutefois nous désunir de la Couronne et de demeurer sous l'obéissance de notre Roi. [2]

[1] Philippe Vincent (1595-1651).

[2] Le récit de Mervault comble ici une lacune de notre manuscrit:

« Le 1er d'avril arriva à la Rochelle un jeune homme nommé Vivier, serviteur du sieur Vincent, dépêché par lui de Hollande où, suivant l'ordre qu'il en avoit, il étoit passé pour procurer

Arrivée des navires anglois pour ravitailler la ville.

Le jeudi, 11 de mai 1628, parurent, sur les trois
heures après midi, quelques cinquante navires de
l'armée angloise lesquels vinrent mouiller l'ancre sur

quelque soulagement de vivres et munitions pour ladite ville.
L'espérance qu'on conçut de la prompte arrivée du comte
d'Embei, suivant ces lettres, réjouit grandement les Rochelois.

» Le 8, la nuit du dimanche venant au lundi, la batterie
royale et les forts Louis, Mireuil (dit du Saint-Esprit qui n'avoit
encore tiré) et Lafond, tirèrent depuis les neuf heures du soir
jusqu'à quatre heures du matin des boulets à feu. Ce fut
néanmoins sans tuer ni blesser personne ni mettre le feu en
aucune maison, et ce, au moyen de la pourvoyance qu'on y
apporta, ayant mis des sentinelles aux clochers, qui aussitôt que
le boulet étoit tombé, crioient pour avertir du lieu, où les
particuliers l'alloient chercher avec une griffe de fer faite expres-
sément pour cela, les saisissoient aisément et les portoient en rue.

» Le mardi, 10, le Maire ayant eu avis que les assiégeants faisoient miner les premières maisons ou masures de Lafond à cinq
cents pas de la ville, fit sortir par la porte de Cougnes deux compagnies d'infanterie de quinze à vingt chevaux pour en savoir
la vérité. Cette sortie n'ayant pu rien découvrir de ce qu'on avoit
désiré de savoir, le Maire, en tout événement, fit creuser au milieu
du fossé depuis ladite porte jusqu'au boulevard de l'Évangile.

» Le 12, de la nuit de mercredi venant au jeudi, sur les
quatre à cinq heures du matin, un boulet à feu, venant du fort
Louis, mit le feu dans une des maisons de l'hôpital qui se trouvant pleine de foin et de paille, il y eut bien de la peine à éteindre,
et y fut tué un homme et un autre blessé d'un coup de canon tiré
dudit fort Louis, qui en délâcha jusqu'à vingt pendant que le
feu dura. L'hôpital ne reçut néanmoins aucun dommage au moyen
du secours qui fut diligent.

» La nuit du samedi venant au dimanche 15, un boulet à feu,
venant de la batterie royale, tua une ronde comme elle alloit du

les sept heures du soir à Chef-de-Bois, au-dessus des navires du Roi, et ne fut tiré aucun coup de canon par eux que deux ou trois coups, et par

corps-de-garde de la porte de Cougnes à celui du bastion des Grands-Lapins.

» Le mardi au matin 17, et dès l'aube du jour, le Maire fit sortir par la porte de Cougnes, vingt-cinq chevaux et cinq compagnies d'infanterie avec quelques volontaires pour découvrir de nouveau si les assiégeants faisoient travailler comme on avoit dit aux premières maisons de Lafond, mais ils n'y trouvèrent personne, ni apparence de travail.

» Le mercredi venant au jeudi 19, sur le minuit, ceux de Lafond vinrent abattre et raser à fleur de terre les maisons à demi rompues des moulins de Lafond, près la ville, et delà mirent le feu à trois moulins les plus proches. Il fut tiré cette nuit là cent soixante-cinq coups de canons, toutefois sans tuer ni blesser personne.

» Le lundi 23, sur les deux à trois heures après midi, le Roi arriva pour la seconde fois devant la Rochelle, ayant fait ses Pâques à Surgères. Pour sa bienvenue, on délâcha trois fois le canon de toutes les batteries et navires et surtout furent envoyés plusieurs boulets à feu sur la ville.

» Le mardi 24, sur les onze heures du soir, un boulet à feu, venant de la batterie royale, mit le feu dans une maison pleine de foin et de paille devant le clocher de Saint-Barthélemy joignant la grande école, qui est l'un des magasins de la ville, et fut cette maison presque toute brûlée.

» Le dimanche 2 de mai fut fait maire, au lieu de Jean Godeffroy, escuyer, sieur du Richard, Jean GUITON, escuyer, sieur de Repose-Pucelle (paroisse de la Jarne), le même qui avoit été amiral pour les Rochelois ès-guerres de 1621 et 1625.

» Le mardi 4, il fut trouvé à la côte de Saint-Nicolas un petit coffret de planches de sapin bien clos, dans lequel étoit un billet avertissant les Rochelois de prendre garde à eux, et qu'en peu de jours ils devoient être attaqués en plusieurs endroits et

ceux qui étoient à la pointe de Chef-de-Bois à terre,
quelques dix ou douze coups qui nous firent reconnoitre ladite armée angloise et que cela étoit son
avant-garde, ce en quoi nous fûmes trompés.

L'entrée du capitaine Vidauld venant d'Angleterre.

Le dimanche, 14 dudit mois, entre le capitaine
Vidauld (ou Vidault), sur les dix heures du soir,
par la Chaîne, dans un petit esquif ou bateau
accompagné de deux matelots anglois pour apporter
nouvelles certaines de l'armée mouillée audit lieu de
Chef-de-Bois avec lettre et assurance que le reste
de ladite armée seroit bientôt ici, et passa à la nage
dans ledit bateau au travers des navires de l'armée
du Roi et de la palissade, sans l'avoir jamais pu
empêcher, quelque diligence qu'ils y purent
apporter.

Retour des navires qui étoient venus pour ravitailler la ville.

Le jeudi, 18 dudit mois de mai, ladite armée
angloise voyant n'avoir aucune nouvelle de cette

principalement à la Chaîne et au fort de Tasdon et qu'il seroit
jeté dans la ville force feux d'artifice. »

Voir JEAN GUITON, DERNIER MAIRE DE L'ANCIENNE COMMUNE DE
LA ROCHELLE, 1628, par M. P.-S. Callot (1872); — nos MARINS
ROCHELAIS, et l'HISTOIRE DE L'EUROPE SOUS LE RÈGNE DE LOUIS
XIII, par Le Vassor.

Les MÉMOIRES DE PONTIS, publiés pour la première fois en 1676,
qui présentent le plus de particularités sur le caractère de Guiton,
ne semblent pas mériter une entière confiance.

ville et voyant ne pouvoir passer qu'avec beaucoup de risques, vu que les navires de guerre du Roi étoient rangés fort proches de la palissade et qu'ils avoient non-seulement à combattre lesdits navires de guerre qui étoient vingt-cinq à trente vaisseaux, mais la palissade des navires à foudre et qui flottoient au nombre de 70 ou 80, se résolurent s'en retourner et faire savoir notre état pour tâcher à s'en revenir avec plus de forces, ce qui étonna grandement le peuple de cette ville et bourgeois, ledit jour sur les six heures du soir et étoit général en ladite armée M. le comte d'Aleby (d'Emby ou d'Embey), anglois, beau-frère de M. Bouquinquan.

Arrivée de la Lande venant d'Angleterre.

Le 10 juin, audit an, arriva en cette ville le sieur de la Lande venant par terre d'Angleterre et apportant lettre du Roi à Messieurs de cette ville, où on les assure de promptement leur envoyer du secours par mer, et que pour cet effet, lors du départ dudit sieur de la Lande, on commençoit à faire l'embarquement.

Arrivée du sieur de Saint-Martin d'Angleterre avec lettre du Roi et des députés de la ville.

Le mercredi, 21 de juin 1628, sur les onze heures du soir, arriva à la porte Saint-Nicolas, où nous étions en garde, le sieur Saint-Martin venant d'Angleterre, lequel avoit mis pied à terre à la

Tremblade par le moyen d'une pataehe qui l'avoit
amené exprès; s'en vient dudit lieu ici par terre
où il apporte lettre du Roi d'Angleterre par laquelle
il nous promet tout aide et secours au plus tôt qui
lui sera possible, ce qui est confirmé par la lettre
de nos députés, lesquelles lettres furent, dès ladite
heure, délivrées à M. le Maire, pour avoir été ladite
porte, ouverte tout à l'heure et se trouvèrent
lesdites lettres datées de deux jours auparavant
celle du sieur de la Lande. (1)

*Feret arrive d'Angleterre à l'armée du Roi avec lettres
et mémoires.*

Le 2 dudit juillet, vint nouvelle en cette ville
que Feret, ayant lettres et mémoires, venant
d'Angleterre, s'étoit rendu au quartier du Roi et
avoit exhibé toutes lesdites lettres et mémoires et
averti le Roi de tout ce qui se passoit en Angleterre.

Prise de M. de la Grossetière venant d'Angleterre.

Le 14 dudit mois, vinrent nouvelles que M. de
la Grossetière, retournant d'Angleterre, passant
par la Normandie, fut arrêté au lieu de Dieppe
et depuis fut amené à Sa Majesté où l'on tient
qu'il a assuré que l'embarquement de ladite armée

(1) De la Lande (David), né en 1570, marié : 1° en 1593 à Sarah
Girault, 2° à Elisabeth Huet; nommé en 1627 membre de la
Chambre d'Amirauté.

angloise étoit fait et qu'elle étoit en mer, ce qui occasionna sadite Majest' de presser tant de jour que de nuit à faire travailler à la digue et de la faire parachever.

La Roze pendu comme traître.

Le 19 dudit mois, audit an 1628, le nommé Jean Dumont dit la Roze, natif de la ville de Bordeaux et marié en cette ville, fut pendu à la place du Château et sa tête mise sur la porte de Cougnes pour avoir été atteint et convaincu de trahison et déserteur des Eglises, par le moyen et entremise qu'il avoit avec M. le duc de Lisembourg et de M. le Cardinal qui l'avoit envoyé par devers M. le duc de Rohan et des villes de Montauban, Castres, et autres villes de Languedoc et Biard (Béarn), auxquels aussi bien qu'à ceux de cette ville leur avoit fait de faux rapports afin de les intimider et empêcher de se joindre avec ceux de cette ville.

Le 22 dudit mois, fut pendu le nommé Pierre du Bourg, qui autrefois avoit été archer du prévôt de Niort et s'étoit retiré en cette ville, et marié avec la sœur de l'hôtesse du Gros-Bouchon de la rue du Minage, belle-mère de Presset, hôte de la Roze en ladite rue du Minage, pour être accusé d'avoir entrepris sur cette ville et d'avoir écrit aux ennemis et fait porter les lettres par son fils. Mis à la question, accuse ledit Presset et les deux Francs demeurant en ladite rue, et renvoye de leurs nommations un nommé Giraud, portefaix, demeurant en cette ville, natif dudit Niort, ce néanmoins étant prés à faire mourir, dit qu'il les avoit accusés faussement et qu'ils n'étoient en rien coupables et par ce moyen furent relâchés et mis en liberté.

Emprisonnement de M. l'assesseur Collin.

Le vendredi, 4 d'août, audit an 1628, fut mis prisonnier M. Collin, [1] assesseur criminel, à l'issue du conseil tenu ledit jour extraordinairement, pour quelques propos qu'il avoit tenu, et fut la capture faite par M. le Maire accompagné de tout le Corps au nombre de soixante ou quatre-vingts et fut nommé commissaires des personnes M. de Fief-Mignon, eschevin, et M. Rifaud, pair, pour voir et visiter en sa maison, et fut trouvé en son étude un procès-verbal qu'il avoit fait avec tous les conseillers qui étoient pour lors en cette ville, signé seulement de lui et des sieurs Ferrières [2] et des Martres, [3] M. de la Morinière et les autres seulement présents.

(1) Collin, Raphaël, écuyer, sieur des Houmeaux (paroisse de Villedoux), né en 1581, épousa en 1637 Blandine Benureau, exerça les fonctions de lieutenant particulier, assesseur criminel de 1605 à 1645. Il portait « de sinople à un cygne d'argent. » Il mourut le 18 septembre 1647, laissant des mémoires inédits sur l'histoire de son temps.

(2) De Ferrières.

(3) Gaspard Pandin, sieur des Martres, fut le dernier des conseillers protestants au Présidial de la Rochelle. Il avait été nommé

Sortie de M. des Martres et de M. de Ferrières, conseillers en cette ville.

Ledit jour, M. de Ferrières et M. des Martres, sachant l'emprisonnement dudit sieur Collin, se résoudent de s'en aller et, d'effet, ledit sieur des Martres fut trouver ledit sieur de Ferrières à la porte de Maubec, où ils étoient de garde, et tous deux laissant leurs manteaux en garde à un des soldats de la porte, feignant s'aller promener dans le fief de Foye, prirent le chemin droit au Plessix et de là montèrent tout au travers du fief de Gourville et se rendirent au fort de Beaulieu, ce qui fut aperçu tant par ceux de ladite garde que de ceux qui étoient à la porte de Cougnes, où ils condamnent M. le Maire à faire l'amende honorable, pieds nus, tête nue, la torche au poing et tous ceux du conseil de guerre et qui l'assistoient, solidairement, en vingt mille livres d'amende envers le Roi avec plusieurs autres peines portées par ledit jugement.

Prise de M. de Feuquières.

Le mardi, 5 de septembre 1628, vint M. Arnauld, beau-frère de M. de Feuquières, prisonnier en cette ville, après avoir employé plusieurs amis pour

en 1614. Il épousa en premières noces Anne d'Argis, en secondes noces Suzanne le Royer, et mourut à 80 ans, le 24 septembre 1662. Il portait: « d'azur à trois pals d'argent, au chef d'or. » La famille Pandin professe encore aujourd'hui la religion protestante et compte de nombreux représentants.

avoir ledit sieur de Feuquières et ne pouvant
parvenir à l'avoir comme il désiroit, d'autant que
l'on ne vouloit point rendre et laisser aller avec
conditions qu'on rendroit tous les prisonniers, qui
étoient retenus par lesdits ennemis depuis la venue
des Anglois jusqu'à présent, tant des habitants de
cette ville que soldats et étrangers, et surtout M. de
la Grossetière, [1] gentilhomme fiancé avec la
damoiselle d'Aigrefeuille de cette ville, qui avoit
été pris venant d'Angleterre en cette ville, ce à
quoi ne pouvant parvenir et aussi que ce n'étoit
pas sa principale intention, fit quelques propositions
aux commissaires nommés pour parler à lui, au lieu
de la porte de Cougnes, desquels étoient M. Fief-
Mignon et M. Ritaud pour le Corps-de-Ville, et
M. Moquay, procureur bourgeois, auxquels, après
plusieurs discours pour ledit sieur de Feuquières,
prisonnier, leur fit quelques amertumes et la
paix, [2] et fait quelques propositions de part et
d'autre; ledit sieur Arnauld [3] se retire et remet à
leur rendre réponse au lendemain.

(1) De la Grossetière, gentilhomme du Poitou, qui avait
heureusement traversé les lignes de l'armée royale, dans la nuit
du 21 mai, et porté les lettres des assiégés, arrêté à Dieppe à
son retour d'Angleterre, fut décapité après la soumission de la
Rochelle. Sa tête tranchée fut envoyée à la Rochelle pour être
mise au haut d'une lance sur la tour de la Lanterne. « Cela fera
mourir sa fiancée, » écrivait le garde des sceaux, Michel de Marillac,
le 27 novembre, au Cardinal.

(2) Il faut lire probablement : « ouvertures de la paix. »

(3) Arnault, maître de camp des Carabins du Roi (Mervault).

Retour du sieur Arnauld.

Le lendemain, 6 dudit mois, ledit sieur Arnauld revint pour la seconde fois, où il se fit quelques propositions, lesquels il faisoit fort ledit sieur Arnauld qu'envoyant personnes avec lui de la part de cette ville, sans le vouloir tirer à conséquence, ce qui fut accordé, et que le lendemain ledit sieur Arnauld venant, l'on en y enverroit avec lui deux qui seroient nommés de cette ville pour ouïr les propositions dudit sieur Cardinal.

Le lendemain jeudi, 7 dudit mois, furent nommés de la part de la ville, M. Rifaud, pair, et M. Journaud, avocat, pour aller par devers ledit sieur Cardinal, et vint ledit sieur Arnauld ici au lieu de la porte de Cougnes, où ils furent avec lui au lieu de Rompsay, où ledit Cardinal les attendoit et, après plusieurs discours tenus de part et d'autre, lesdits sieurs Journaud et Rifaud connurent qu'il y avoit quelque apparence que l'armée angloise, à nous ci-devant promise, et de laquelle nous n'avions pu rien apprendre, tant à cause de la détention de M. de la Grossetière et d'autres qui étoient envoyés par nos députés qui étoient en Angleterre, que quelque accord étoit fait entre les deux Rois, et dont on présumoit qu'on nous taisoit et ne conclurent rien et s'en vinrent sans rien faire, et furent conduits par ledit sieur Arnauld audit lieu de la porte de Cougnes.

*Arrivée des sieurs Mainie et Beaumont d'Angleterre,
portant de sûres nouvelles de l'armée angloise.*

Vendredi, 8 dudit mois de septembre 1628, arrivèrent sur les 10 heures du soir, les nommés Mainier
(Maynet) et Beaumont, de cette ville, venant d'Angleterre, et mis à terre à la rivière de Bordeaux près
de Royan, où ils rapportent à M. le Maire ledit jour,
étant entré à la porte Maubec, qu'ils étoient envoyés
de la part du sieur Pierre de Hinsse, l'un de nos
députés en Angleterre, pour nous donner avis que
ladite armée angloise étoit prête de partir et que
pour cet effet le rendez-vous étoit à l'île de Houiet
(Wight) et Portsmud, laquelle étoit composée de
quatre-vingts grands navires de guerre, vingt ramberges, quatorze galiotes et quarante brulôts, dont
le capitaine Bourguis étoit amiral, avec plusieurs
autres navires portant munitions de guerre et de
bouche, et doivent commander le duc de Bouquinquan à l'armée navale et le comte d'Exces (d'Essex)
à ceux qui mettront pied à terre, de quoi on fait état
de 25,000 hommes de pied et mille deux cents
chevaux reîtres, et étoient bougés dudit lieu de
Plymouth, en Angleterre, il y avoit quinze jours et
leur avoit été assuré par ledit de Hinsse que ladite
armée étoit prête à bouger dudit lieu de Portsmud
et qu'elle seroit aussitôt qu'eux par de çà et qu'il
ne leur restoit que deux régiments d'infanterie à
embarquer et que le Roi d'Angleterre étoit présent
pour faire ledit embarquement.

Prix que valoit le blé et autres munitions, avant que
l'armée angloise parut.

L'on remarquera qu'audit temps le boisseau de
blé se vendoit cent dix à six vingts livres le boisseau,
mesure de rive ; la livre de pain, 60 sols ; le biscuit,
40 sols la pièce, qui n'étoit que demi-livre, et y
avoit plus de deux à trois mois que la plupart du
commun peuple ne mangeoit de pain et vivoit
d'herbes qu'il prenoit sur les marais nommés, par
les paysans et sauniers, *présau*, et par d'autres
pourpié sauvage, et de toutes autres sortes d'herbes
et coquillages et poissons, pêchés sur lesdits marais
et en les fossés de la ville, comme meugles, anguilles
à grand nombre, et force de petites chevrettes. Le
vin de Bordeaux se vendoit 80 écus la barrique,
qui est le tonneau, 320 écus, et vendu jusqu'à mille
livres le tonneau ; la pinte se vendoit 35 sols ; le
vin de pays fort vert, de la présente année, recueilli
en les fiefs de Foy, de la Rouche et de Gourville, que
celui de Ré, au prix de 55 à 60 écus la barrique,
qui est le tonneau 700 livres, et la pinte se vendoit
communément 20 et 24 sols, et le meilleur ; la
chair de bœuf et de vache a été vendue 55 et 60
sols la livre ; une vache a été vendue 700 livres,
et une autre 120 pistoles, qui font 772 livres 10
sols. La chair de cheval et de cavale se vendoit
40 et 45 sols ; il y a eu tel âne qui a été vendu 200
livres, les moutons et ouailles se vendoient 90
livres et 100 livres la pièce ; le quartier, 18 et 20

livres, jusqu'à 25 livres; le haut côté, 9 et 10 livres;
la poitrine, 8 et 9 livres; et s'en trouvoit toujours
pour de l'argent, les samedis à la boucherie; les
poules se vendoient 6 et 7 livres la pièce; les œufs, 10
et 12 sols la pièce; le beurre, 4 et 5 livres la livre;
la morue, 55 et 60 sols la livre. Il y avoit en cette
ville grand nombre de sucre qui ne se vendoit du
commencement que 10 et 12 sols la livre, finalement
le peuple ne trouvant autre chose à manger et y
mettant la presse, se vendoit 35 et 40 sols; la
cassonnade, 45 et 50 sols. Le sucre, les herbages de
jardin étoient merveilleusement chers, encore qu'il
y en avoit grand nombre, tant à la ville neuve
qu'ailleurs, de telle façon que la feuille de chou se
vendoit un sol la pièce, et le brin de porée autant,
encore qu'il fut bien petit; quelques melons ont été
vendus 10 livres la pièce, et les concombres, 8 à 10
sols la pièce. Ce qui faisoit que les herbages étoient
ainsi chers, c'est que la plupart des soldats voloient
de nuit les jardins, par la disette qu'ils avoient du
pain, d'autant plus qu'audit temps, il n'en avoit que
demi-livre par jour, et encore ceux qui ne leur en
pouvoient donner, leur donnoient 25 sols par jour,
tellement qu'ils ne pouvoient guère rien avoir pour
si peu d'argent, et étoient contraints, la plupart
avec le commun peuple, en ce mois ici, sortir au
soir pour aller quérir du vergne, et sortoient trois
et quatre cents personnes, tous les soirs, tant
hommes que femmes et enfants, en apportoient un
fort grand nombre qui faisoient un merveilleux

4

bien, et le faisoient confire avec sucre et cassonnade, ce qui la fit grandement enchérir ; tellement
que les ennemis s'en étant aperçus, s'avisèrent de
les empêcher et les renvoyant la plupart tout
nus, et d'autresqu'ils tuoient, ce qui fut cause qu'elle
enchérit grandement, tellement que la livre se
vendoit 7 et 8 sols, et y en avoit tel qui en
apportoit un plein sac qui en tiroit 8 et 10 livres
et davantage. Il faisoit une telle froidure en ledit
mois, que plusieurs mouroient de froid, en allant
de nuit pour amasser ladite vergne, et finalement,
après avoir longtemps enduré de faim, se mouroient grand nombre du peuple, qu'il ne passoit
guères jour qu'il n'en fut enterré cent et six-vingts.
Les cimetières étant tellement labourés que l'on ne
savoit où mettre les corps et il y avoit toujours huit
ou dix hommes qui ne faisoient que faire des fosses
depuis le matin jusques au soir ; et s'est trouvé, à
l'issue des prêches et des prières, à beaucoup de
cimetières, des huit et dix corps tout à la fois.

Arrivée du nommé Martin, portant nouvelles assurées
de l'armée angloise.

Le lundi, 25 de septembre 1628, arriva le nommé
Martin, boulanger, demeurant vers Cougnes, lequel
il y avoit cinq à six semaines qu'il étoit sorti de cette
ville pour aller voir ce qui se passoit, lequel rap-
porta que pour certain, il étoit arrivé au quartier
du Roi deux marchands normands, lesquels avoient

été fort longtemps en Angleterre, et au lieu où étoit l'armée angloise, lesquels assuroient à Sa Majesté qu'elle étoit fort puissante, et même la plus grande part étoit embarquée, et que, du premier beau temps, ils seroient aux côtes de deça; et arriva à l'instant une barque bretonne, laquelle assura avoir vu l'armée en mer, et même avoir été cachée par eux avec trois autres barques de ses voisins, lesquelles avoient été prises, ce qui fait que le Roi fit travailler avec toute diligence à la digue et à la palissade, et de jour et de nuit, pour tâcher de la parachever, y mettre grand nombre de machines qu'il avoit encore à appuyer, ce qui nous fit voir la chose encore plus vraie, et qui donna quelque espérance de leur venue, et les voir bientôt.

Le lendemain, 26 dudit mois, furent nommés commissaires de toutes les paroisses pour voir et visiter les maisons, les vivres et munitions de bouche que chacun pourroit avoir, pour en donner aux disetteux, et s'en trouva en plusieurs et divers endroits, et surtout quelques cinq cents boisseaux de blé que l'on fait porter à la maison de ville, et prend-on l'état du reste des provisions que chacun pouvoit avoir, afin d'en faire assister aux autres, qui en étoient en nécessité pour voir le temps que l'on pouvoit tenir.

*Arrivée de M. de Chamflory, venant par terre d'Angleterre
et apportant les nouvelles que l'armée étoit prête de bouger.*

Le jeudi, 28 dudit mois de septembre, arriva M. de
Chamflory, gentilhomme de Périgord, sur les onze
heures du matin, par la porte de Saint-Nicolas,
venant d'Angleterre, ayant des lettres de MM. David et
Vincent, députés de cette ville, adressées à M. le
Maire, et une de M. de Soubize à Madame sa mère, par
laquelle on leur mande l'état de l'armée et l'assassinat
de M. de Bouquinquan, comme l'armée se préparoit
pour notre secours, et que même M. le comte de
Laval (frère du duc de la Trémoille) [1] étoit arrivé
ce même jour pour s'embarquer en icelle, ce qui fut
confirmé par ledit sieur Chamflory, avec autres
nouvelles tant de ladite armée que ce qu'ils avoient

---

(1) Le comte de Laval, sur la flotte anglaise, devant la Rochelle,
20 décembre 1628.

A Madame, Madame la duchesse douairière
de la Trémoille,

Madame, l'honneur que je viens de recevoir par la lettre de votre
Excellence qui me croyoit en Hollande, m'oblige à changer la
résolution que j'avois prise de ne lui écrire point qu'au retour du
voyage où, non-seulement la cause que je tiens générale, mais les
obligations particulières que j'en ai à Monseigneur votre fils,
m'obligent de m'embarquer avec lui. Car encore que les advis
que je lui porte de ce pays le deussent dissuader d'y venir, et que
si j'eusse eu quelques persuasions assez suffisantes de moi, je les
y eusse volontiers adjoustées, si est-ce, Madame, que l'y voyant
résolu, je n'ai pas cru devoir refuser le commandement qu'il m'a
fait de l'y suivre. Votre Excellence sait despuis quel temps

pris par le chemin, ce qui réjouit grandement le
peuple de cette ville, et même de ce que l'armée
étoit bougée depuis son départ, comme c'étoit la
vérité, comme il se verra ci-après.

*Arrivée de l'armée angloise pour le secours de la Rochelle,
le 28 de septembre 1628.*

Ledit jour, sur les 4 heures après midi, fut vu
entrer soixante-dix ou quatre-vingts navires par le
pertuis Breton, que l'on jugea être ladite armée et
ce qui le fit plutôt croire, ce fut qu'ils vinrent
mouiller l'ancre devant le Fief-d'Ars où la citadelle de
Ré tira trois coups de canon et mit le feu sur le
lieu le plus éminent de la citadelle; ce que voyant,
ceux de Rivedoux en firent le semblable, et la batterie

Monseigneur le duc m'a donné sujet de prendre de lui le congé
que je lui ai demandé par votre faveur. Puis donc que je suis
libre de là, ne me seroit-ce pas une honte de refuser de servir son
plus proche en une occasion que je crois si juste qu'en vérité, je
crois que tout homme né François et de la Religion y doit porter,
sinon sa personne, au moins ses vœux et ses prières très ardentes
à Dieu pour l'accomplissement d'une entreprise qui ne peut être
exécutée qu'au soulagement de toutes les églises de France envers
lesquelles le courroux du Roi étant appaisé, ceux qui n'ont pas
suivi les mouvements du Conseil de Sa Majesté depuis quelque
temps en ça trouveront non-seulement grâce devant elle, mais
encore, comme j'espère, très bon gré de s'être opposés aux
violences de ceux qui, sous prétexte de religion, aspirent à une
autorité dont la suite seroit préjudiciable à l'autorité royale et
au royaume, ce que je supplie très humblement votre Excellence
de recevoir celui qui n'a jamais rien préféré à son service et de

de Chef-de-Bois qui regarde la pointe de Coureille, tira pareillement trois coups de canon, ce que voyant ceux de cette ville leur firent le signal désigné

votre illustre maison pour une cause très véritable du bon dessein qui amène mondit seigneur votre fils à la deffence particulière d'une ville où le nom de Dieu est purement invoqué; et aussi ceux qui le déconseilloient d'y venir, étoient contraints de lui avouer que ses compassions étoient justes, mais ils espéroient la paix avant le sac et l'embr ement de la Rochelle. Le soin que votre Excellence daigne prendre de ceux qui la servent m'a fait jouir de l'honneur... de prier Dieu... de continuer et d'augmenter à elle et aux siens ses saintes bénédictions, relevant bientôt Monseigneur le duc du dangereux pas où il s'est précipité à son gran l préjudice et au grand regret, non-seulement de ceux de notre profession, mais de la plupart des autres qui l'ont eu en estime. Pour moi je suis résolu de l'honorer toute ma vie, quelque traittement que j'aie reçu de lui et désire vivre et mourir, Madame, votre très humble et très obéissant et très fidèle serviteur.

CHATEAUNEUF,
Gentilhomme de la maison de la Trémoille.

De Porstmuth, le 3 ou 13 septembre 1628.

La flotte s'en va dedans deux jours; la mort du duc de Bouquingan ne l'a point du tout retardée.

Olographe.

On ne sait si le Roi sait ou veut savoir que Monseigneur le comte soit en l'armée angloise... Il n'en a d'ailleurs rien fait dire à Monseignenr (le duc). On dit que M. de Botru l'aîné ayant eu commandement d'aller avec milord Montaigu dans l'armée angloise et M. de l'Isle aussi... et étant au bord amiral — et cela fut lundi dernier — Monseigneur de Laval parut et voulut s'advancer vers le sieur de Botru pour l'embrasser, que lors ledit sieur se détourna feignant de ne le voir pas et que milord Montaigu lui dit: « C'est M. de Laval qui vous veut embrasser. » Il répondit : « M. de Laval, ce n'est point lui, il n'y a point ici de François de cette

entre eux qui étoit de tirer trois coups de canon du
clocher de Saint-Berthommé et un de celui de Saint-
Sauveur et mettre le feu au haut de la tour de la

sorte et qualité là, » et ne lui parla point. Et on dit qu'il fit cela
pour n'être point obligé de dire qu'il eût vu là Monseigneur de
Laval.

La procédure me semble bonne et judicieuse, et me faut croire
que peut-être le Roi veut ignorer qu'il soit là, et si cela est, il
vaudroit mieux le taire que d'en parler ni faire parler. Et si aussi
le Roi sait et veut savoir qu'il y soit, il est à croire que les
Anglois par leur traité mettront tous ceux qui sont avec eux en
seureté, et si le traité ne se fait et qu'on en vienne au pire,
Monseigneur a la promesse de la confiscation de son bien. Pour
moi, je ne doutte toujours qu'il soit là de la sorte qu'on dit, à
savoir comme simple volontaire, et si cela est, c'est certes un
malheur et particulier de s'y être mis la veille d'un traité... A
présent il n'y a aucune communication entre les armées et
Monseigneur n'estime pas qu'il fût bon de faire demande de
porter une lettre à Monseigneur son frère, lequel on asseure se
porter très bien et que peut-être on en seroit refusé.

Si l'on demande permission de ce que dessus ce sera ne révoquer
plus en doubte ce que peut-être on y veut laisser.

D'IRAY,
Sergent de bataille de l'armée navale du Roi.

Olographe.

Le cachet en cire rouge porte [d'azur] à trois roses [d'or] 2. 1.
Ces armoiries furent attribuées par lettres patentes de Louis XIII
du mois d'avril 1625, conférant la noblesse à Jean Rogier, sieur
d'Iray, auteur de cette lettre. (Beauchet-Filleau).

Extrait d'une lettre de M. d'Iray à Madame de la Trémoille la
mère, datée de Saint-Rogation le susdit jour.

Communiqué par M. Paul Marchegay.

Lanterne, ce qui fut encore réitéré le lendemain.
Toutes sortes de munitions de bouche étoient hors
de prix et surtout lorsque l'armée parut, tellement
que le picotin de froment se vendoit vingt-quatre
livres, qui est le tonneau mille deux cent neuf livres,
et le lendemain ne valut que douze livres; le biscuit
se vendoit quatre livres la pièce pesant six ou sept
onces, que le lendemain on bailloit à quarante sols,
tellement que tout étoit rabaissé de moitié en ce
même temps, quoique ce soit le samedi précédent,
la livre de bœuf, ou quoique ce soit de vache, valoit
quatre livres, et trois livres la livre de chair de cheval,
et la moulue trois livres dix sols et quatre francs la
pièce et la livre; les poules douze livres la pièce, et
les œufs vingt et trente sols la pièce ; le vin, trente-
cinq et quarante sols la pinte, mesure de rive, qui est
le tonneau treize à quatorze cents livres, jusqu'à mille
quatre cents cinquante livres, et celui de Bordeaux
le tiers plus, qui est deux mille livres plus, et ne
s'en trouvoit encore guères, et pas pour ceux qui
en eussent voulu avoir; la pièce de bœuf, seize, dix-
huit et vingt sols la livre, toute apprêtée, jusqu'aux
palourdes [1] qui valoient trente-deux sols le cent et
tout le reste à l'équivalant; la livre de sucre et de
cassonnade, trois livres dix sols et quatre francs la
livre, bref, le prix étoit si excessif, à voir le lait
trente-cinq et quarante sols la pinte.

(1) Venus decussata. (Linné).

Arrivée de quelques navires anglois par Antioche.

Le vendredi, 29 dudit mois de septembre, jour de Saint-Michel, ladite armée, avec quelques cent ou six-vingts vaisseaux, vint mouiller en le coureau, devant l'anse de Pampin.

Le samedi, 30 et dernier jour de septembre, arrivèrent encore quelques dix-huit ou vingt navires, venant par Antioche, qui se joignirent à ladite armée et bougèrent d'icelle trois pataches qui vinrent à Chef-de-Bois pour reconnoître l'armée du Roi qui étoit mouillée devant la pointe de Chef-de-Bois, au nombre de vingt-cinq à trente grands navires et autant de petites pataches et galiotes, sans faire aucun semblant de lever l'ancre pour aller après eux ni leur tirer aucun coup de canon, à leur arrivée, au contraire en fut tiré un par la première passant près d'eux et finalement, sur les quatre heures du soir, lors de la pleine mer, vient toute l'armée angloise à Chef-de-Bois qui tire de part et d'autre quelques coups de canon, comme pareillement ceux de cette ville sur ceux de l'armée du Roi, et y avoit quelques six à sept navires de l'armée angloise, tant grands que petits, et ne surent rien faire pour ce jour là, bien qu'ils eussent le vent et la mer fort favorables pour cela.

Armée angloise lève l'ancre, feignant se vouloir battre.

Le dimanche, premier jour d'octobre, l'armée angloise lève l'ancre sur les trois heures après midi,

pensant combattre celle du Roi, mais le vent ne leur
fut pas favorable, et fut un grand calme, qui fut
cause qu'elle ne donna pas. Cependant l'armée du
Roi fut en bataille des deux côtés des pointes, tant
à pied que de cheval, jusque sur les six heures du
soir, qu'ils se retirèrent.

Le lundi, 2 dudit mois, le vent fut contraire et
même faisoit calme, qui fut cause que l'armée
angloise ne s'émancipa de rien faire tout le jour.

L'armée angloise mouille l'ancre la seconde fois pour
combattre.

Le mardi, 3 dudit mois d'octobre, sur les six heures
du matin, l'armée angloise mit à la voile et vint
proche de l'armée du Roi et de la palissade, et ne
put rien faire, tant à cause du vent qui n'étoit que
sud-ouest et vint au nord-est, qu'aussi de la marée
qui commença à perdre sur les huit heures; ce que
voyant, ladite armée angloise, après avoir furieusement canonné tant l'armée du Roi que la palissade,
se retira en la rade de Chef-de-Bois, à la portée du
canon des deux points, qui les avoit aussi furieusement canonné, qui dura des deux côtés plus de
deux heures où il se tira des deux côtés plus de deux
mille coups de canon.

L'armée angloise met à la voile pour la troisième fois
pour vouloir combattre.

Le mercredi, 4 dudit mois d'octobre, ladite armée angloise met à la voile dès les cinq heures du matin pour venir attaquer l'armée du Roi qui étoit proche de la palissade, et tira force coups de canon de part et d'autre, ce qui continua jusque sur les neuf heures, où l'on fait état qu'il s'étoit tiré plus de deux mille cinq cents coups de canon, sans avoir pu rien faire, à cause que le vent étoit sud-est et qu'il ne ventoit pas beaucoup, qui fut la cause qu'ils se retirèrent pour la troisième fois, et en se retirant firent brûler six ou sept vaisseaux apprêtés pour brûler qui prenoient l'eau, et fut tué audit combat, tant par les Anglois que par ceux de cette ville, grand nombre de seigneurs et gentilshommes soldats, tant sur la digue et forts de Coureilles et navires, sans qu'il fut tué un seul capitaine de l'armée angloise.

Les jeudi, vendredi et samedi suivants, étoit le mort de l'eau et aussi qu'il ventoit à tourmente de vent sud-ouest, qui fut cause qu'il ne se fit rien de part et d'autre.

Arrivée de Chardavoine et de la Verdure venant de
l'armée angloise.

Le dimanche matin, 9 dudit mois d'octobre, vinrent de l'armée angloise les nommés Chardavoine et la Verdure qui furent mis à terre la nuit à Fouras où ils apportèrent certaines nouvelles de l'armée, de l'affection qu'elle avoit à notre secours et délivrance, et pour cet effet attendirent le gros do l'eau qu'ils espéroient, avec l'aide de Dieu, entrer, fut-ce au péril de leur vie, et qu'ils avoient grand nombre de vivres de toute sorte, ce qui fut confirmé par lettre qu'écrit M. le comte amiral de l'armée angloise à M. le Maire et Messieurs de cette ville, et avec toutes sortes de protestations de nous secourir au gros de la marée, si Dieu donne le temps propice.

Arrivée d'un gentilhomme de la part du Roi au faubourg de Tasdon.

Le 15 dudit mois d'octobre, audit an 1628, vint M. Arnauld à Messieurs de cette ville avec assurance que l'on avoit donné à M. de Feuquières, son beau-frère, prisonnier de guerre en cette ville, à qui il avoit écrit le jour précédent, pour les voir sur quelques propositions à leur faire, ce qu'il fit sur les deux heures, hors la porte Saint-Nicolas, aux plus proches maisons d'entre le fort de Tasdon et la ville, avec promesse qu'il fit de retourner le lendemain.

Retour dudit Arnauld le lendemain où furent nommés des députés pour parler à lui.

Le lendemain, jeudi, 19 dudit mois, ledit sieur Arnauld retourna l'après-dîner aux même jour et même lieu, où furent nommés commissaires pour parler à lui, lesquels virent que les propositions faites

par ledit sieur Arnauld étoient tellement à notre
désavantage qu'ils lui interdirent de revenir plus s'il
ne vouloit dire autre chose ou qu'ils n'eussent
permission ou passeport pour parler avec ceux de
l'armée angloise, sans lesquels ils ne vouloient rien
faire que par leur avis et consentement ; et est à
noter que depuis le 4 dudit mois, le vent fut toujours
au nord et nord-est qui étoit toujours contraire pour
les amener à la palissade, et même il ne ventoit que
bien peu et fit un grand calme jusques au 21 du mois,
et encore étoit-ce le mort d'eau, et quand le vent
eut été bon, ils n'eussent su rien faire, et cependant
nos ennemis font courir force bruit que l'armée
angloise étoit d'accord avec le Roi, et même que trois
milords avoient mis pied à terre et avoient vu Sa
Majesté, et l'un des milords, qui avoit nom le milord
Montagu, [1] avoit pris la poste pour aller en Angleterre le faire signer au Roi d'Angleterre et que
nous n'étions point compris en cet accord, et qu'il
nous seroit bien meilleur de faire notre accord
avec le Roi, pendant qu'il nous en donnoit le loisir.
Cependant, les vivres enchérissoient, même il en
s'en trouvoit quasi point pour or ni pour argent. Le

(1) Issu d'une ancienne maison d'Auvergne, lord Montaigu,
confident du duc de Buckingham, homme toujours prêt à lier
quelque nouvelle intrigue, fut mis à la Bastille, devint
plus tard, selon Le Vassor, l'espion et l'agent secret du cardinal
de Richelieu en Angleterre, et termina sa carrière comme abbé
de Saint-Martin de Pontoise.

picotin du blé froment se vend trente et trente-cinq
livres le picotin, qui est à raison de trois cents
livres le boisseau, mesure de rive, et le tonneau à
1,890 livres, chose aussi véritable qu'elle est in-
croyable ; pour le vin, quarante-huit et cinquante
sols la pinte, mesure de ville, vin de Ré, et encore ne
s'en vendoit pas à tous ceux qui en vouloient avoir,
qui étoit le tonneau dix-huit mille neuf cent soixante-
dix livres. La chair de vache se vendoit sept livres
dix sols et huit francs la livre ; telle vache a été
vendue douze cents livres, que l'on en a tiré, en la
détaillant à la livre, plus de mille huit cents francs ;
et le pain le même prix que le biscuit de demi-livre
a été vendu dix livres la pièce, qui est au prix de
vingt livres ; la livre de la peau de bœuf se vendoit
trente-cinq et quarante sols ; la morue, cinq et six
francs ; la livre de beurre dix et douze francs, comme
pareillement l'huile d'olive ; une poule a été vendue
dix et douze écus ; les palourdes et coquillages se
sont vendus dix-huit et vingt sols le quarteron,
quatre livres le cent. Le peuple meurt en cheminant,
et s'en enterre tous les jours, l'un portant l'autre,
plus de six et sept vingts, tant hommes, femmes que
petits enfants de toutes qualités, même qu'il ne s'en
trouve pas de menuisier pour faire les coffres à ceux
de qualité, ni même de gens pour les porter, et
fait-on état que l'on soit mort jusqu'à cejour-
d'hui, depuis deux ou trois mois, plus de huit mille
personnes, chose que trop vraie et au grand regret
de tous les gens de bien, n'ayant jamais vu pour

aucune contagion qui ait été en cette ville, bien qu'il y en ait eu de grandes, pareille et semblable chose, priant Dieu qu'il veuille apaiser son ire et qu'il veuille se contenter !

Avantage que prend l'armée navale du Roi sur l'armée navale angloise.

Le dimanche, 22 dudit mois d'octobre, le vent continuant d'être toujours nord-est et ventant gros vent, ceux de l'armée du Roi prirent avantage, vu qu'ils avoient le vent propice, préparèrent, la nuit venant au lundi, quatre navires qu'ils pensoient mener pour faire brûler quelques navires de l'armée angloise, ce qu'ayant été découvert par de petites frégates ou galiotes angloises, ne purent s'en retourner à cause qu'elle étoit toujours trop avancée, tellement qu'ils furent contraints de mettre le feu en leurs brûlots près la pointe de Coureille.

L'armée angloise lève l'ancre pour la quatrième fois feignant vouloir combattre.

Le lundi, 23 dudit mois, l'armée angloise met à la voile sur les six heures du matin, n'ayant pas assez de vent ni d'eau pour les mener jusqu'à la palissade, se tire force coups de canon de part et d'autre sans se pouvoir guère rien faire, sinon ceux de l'armée du Roi qui devoient envoyer quatre brûlots pour gagner le vent pour parvenir à ladite armée angloise, ce que ne pouvant, furent contraints de mettre le feu en leursdits brûlots.

Feu mis à la porte de M. le Maire pour la seconde fois.

La nuit du mardi, 24 dudit mois, venant au mercredi, sur les onze heures du soir, fut mis le feu pour la seconde fois à la porte de M. le Maire, pensant mettre le feu en sa maison pour mieux exécuter le dessein qu'ils avoient sur la ville, à cause de nos faiblesses, et n'y avoit pas huit jours qu'ils avoient fait le semblable.

Feu mis au rateau de la porte de Cougnes.

Le mercredi matin, sur les six à sept heures du matin, l'ennemi met le feu au rateau de la porte de Cougnes, sans y faire que fort peu de dommages, étant les gardes de la ville descendus.

Arrivée de M. de Champservier venant de l'armée angloise.

Le jeudi matin, 26 dudit mois 1628, entra à la porte de Maubec M. de Champservier, venant de l'armée angloise, lequel nous assura de la bonté qu'ils avoient à nous secourir et qu'ils n'attendoient que le temps favorable et au péril de leur vie, ils ne laisseront perdre l'occasion de nous assister, apportant lettre à M. le Maire des principaux de l'armée pour cet effet.

Arrivée de M. Arnauld, pour la troisième fois, à Tasdon, et furent nommés députés pour parler à lui.

Ledit jour, M. Arnauld vient à Tasdon pour parler

à Messieurs de cette ville, et furent nommés commissaires pour parler à lui: messires Viette, Rifaud, Moquay, et M. de la Coste, [1] au lieu de M. Journauld, avocat.

*Arrivée d'un tambour apportant passeport
de M. le Cardinal à nos députés pour aller le trouver
au lieu de la Sauzay.*

Le vendredi, 27 dudit mois, vient un tambour qui apporta passeport de M. le Cardinal pour lesdits députés qui furent tout incontinent le trouver au lieu de la Sauzay, et vinrent le même jour, où ils rapportèrent qu'il étoit d'accord de la capitulation, et pour cet effet, ils avoient promis de leur rendre réponse dès le lendemain, sur les trois heures après-midi, et à faute de ce faire, ceux de cette ville ne seroient plus reçus à même capitulation, et que passé ce temps, il n'en falloit plus parler.

*Prix excessif de toutes sortes de victuailles.
Mort de plusieurs habitants de faim. Prix excessif des coffres
pour les morts.*

Cependant les vivres enchérissoient d'heure en heure, le picotin de froment, mesure de rive, vingt-deux, vingt-cinq et trente écus, qui est le tonneau

(1) Pierre Viette, écuyer, échevin; Jacques Riffault, pair; Elie Moquay et Charles de la Coste, bourgeois.

5

....; [1] le vin, quatre et quatre livres dix sols la
pinte, mesure de ville, qui est le tonneau.....; la
chair de bœuf et de vache, dix et douze francs la
livre; ceux qui avoient des vaches les vendoient
deux mille livres, et pour preuve, M. d'Angoulin [2]
a vendu la sienne à ce prix; la volaille, 35 et 45
livres la pièce, les œufs 30 et 35 sols; l'once de sucre
et cassonnade vaut 32 sols 6 deniers, qui est la
livre 26 livres; jusqu'à la peau de bœuf qui se
vendoit quatre francs la livre, car la plupart des habitants et soldats, et autres de qualité assez élevée, ont
été nourris sans pain depuis trois et quatre mois en
ça, qui engendra une si cruelle maladie que la
plupart, après avoir bien langui et n'en pouvant
plus trouver finalement, mouroit en languissant;
et même la plupart se souloient promener pour
chercher leur vie, tomboient tout morts par les
rues, et d'autres qui de faiblesse demeuroient
et ne pouvoient se rendre d'où ils étoient éloignés,
le lendemain rendoient l'âme à Dieu. [3] Et le plus

(1) Les chiffres sont en blanc sur le manuscrit.

(2) Jehan Berne, écuyer, sieur d'Angoulins, du Pont de la
Pierre, de l'Hommée et de Jousseran, fils du maire de 1603 et
de Claude Bigot, naquit en 1576, fut député en 1610 au synode
national de Castres, comme ancien de l'Église de la Rochelle, et
envoyé auprès du Roi en 1625 pour la ratification de la paix.
Cette famille portait « d'azur à un aigle naissant d'or coupé
d'argent à l'ours de sable. »

(3) « Durant l'horreur de cette faim, comme il y eut des exemples
de cruauté, il y en eut aussi plusieurs de très grande charité en

grand mal et la plus dure affliction, c'est qu'en ce
temps-là, il s'en mouroit en si grand nombre, que
malaisément pouvoit-on trouver personne pour les
porter en terre et même pour faire les fosses, à
cause de la grande faiblesse qu'avoient les fos-
soyeurs et ceux qui assistoient à faire les fosses, étant
contraints d'y employer les femmes, à cause de leur
grande faiblesse, et pour les morts, la plupart étoit
enterré sans coffre, à cause de la mort de la plupart
des menuisiers qui étoient en cette ville et que le
reste étoit si faible qu'ils ne pouvoient tenir les
outils pour travailler. Il y en avoit trois ou quatre

la distribution gratuite que firent divers de ce qu'ils avoient de
surabondant; combien que faisant comme les autres, ils eussent
pu s'enrichir. Notamment j'ai eu connoissance du sieur Thinault,
marchand, et d'un mien oncle, nomm... e sieur Duprat, qui ayant
chez eux une très grande quantité de froment et autre blé, n'en
vendirent un tout seul grain, mais le distribuèrent à tous ceux
qu'ils jugèrent en avoir besoin, pour le leur rendre seulement
après que Dieu auroit redonné la paix.

D'ailleurs il y en avoit qui faisoient des charités secrètes, des-
quelles personne n'a jamais pu découvrir les auteurs. Entre
les autres, j'ai eu connoissance d'une qui m'a semblé mémorable.
Le sieur de la Goute, avocat du Roi honoraire, avoit une sœur
veuve d'un marchand nommé Prosni, qui étoit une forte honnête
femme et charitable, de sorte que la famine commençant à être
plus âpre que l'ordinaire, elle assistoit libéralement les pauvres.
Sa belle-sœur, femme dudit sieur de la Goute, qui étoit d'autre
humeur, l'en reprenoit, et lui demanda un jour en colère ce
qu'elle feroit quand elle auroit tout donné; à quoi elle répondit :
« Ma sœur, le Seigneur y pourvoira. » La famine s'étant renforcée
et le siége continuant, cette pauvre veuve qui étoit chargée de
quatre enfants se trouva à l'étroit, et n'ayant plus absolument

qui avoient des moyens et qui avoient fait leur pro-
vision et qui ont toujours été assez bien nourris,
ceux-là les faisoient, mais avec un prix excessif de
vingt et vingt-cinq livres les grands pour hommes
et femmes, et les autres moyens pour douze livres
la pièce ; tellement que l'on fait état qu'ils ont
gagné plus de trois à quatre mille livres pour cela
seulement, étant employés à autre chose. On se
servit de servantes et femmes pour les corps, et la
plupart bien qu'ils fussent encoffrés, on les portoit
dans des boyards, d'autres qui étoient portés par

nulles provisions, s'en vint vers sa belle-sœur la prier de la
secourir ; mais au lieu de le faire, elle la couvrit de reproches,
et lui dit qu'elle avoit bien prévu qu'elle en seroit réduite là,
avec toute sa belle espérance et ses beaux mots : « Le Seigneur
y pourvoira. » Et qu'à la bonne heure il y pourvût donc. Cette
pauvre femme eut le cœur navré de ces paroles et s'en retourna
toute confuse à la maison, résolue de prendre la mort en gré.
Étant arrivée chez elle, elle vit ses enfants qui lui vinrent au
devant avec une grande joie, et lui dirent qu'il étoit venu un
homme qu'ils n'avoient pu connoître à cause qu'il étoit tard,
qui avoit heurté à leur porte, et aussitôt après, qu'elle lui eut
été ouverte, y avoit jeté un sac de froment d'environ un boisseau
et s'étoit retiré promptement sans leur dire autre chose. Cette
pauvre femme ne croyant pas quasi à ses yeux, sort à l'heure
même de la maison et le plus tôt qu'elle pût en l'état de
grande faiblesse où elle se trouvoit, retourna au logis de sa belle-
sœur, et lui dit d'un ton ferme dès aussitôt qu'elle la vit : « Ma
sœur, le Seigneur y a pourvu. » Puis s'en retourna sans lui vouloir
tenir nul autre propos. Au moyen de ce secours non attendu et
venu si à propos, elle fila le temps jusqu'à l'entrée du Roi et
jamais n'a su à qui elle devoit ce bienfait. »

F. Mervault.

des soldats et portefaix des plus forts et vigoureux,
avec un grand prix, sur leur dos, jusqu'aux cimetières. Fort peu de peuple assistoit aux enterrements,
si ce n'étoit des gens bien qualifiés et encore en fort
petit nombre, et étoit-on contraint de laisser les
corps de la plupart près des fosses sans être enterrés,
et s'en est vu à diverses fois douze ou quinze
corps dans le cimetière qu'on ne pouvoit mettre en
leurs fosses tout à la fois d'autant qu'on les
apportoit ordinairement à l'issue du prêche et
des prières qui étoient sur les dix heures du
matin et les quatre heures du soir, et crois qu'il
s'en enterra en le reclos de la ville, tous les jours
plus de cent-trente où cent-cinquante.

Mort de plus d onze à douze mille âmes jusqu'à cedit jour.

Et fait-on état, jusqu'à ce-jourd'hui, qu'il est
mort tant d'habitants, que hommes que femmes,
jeunes et vieux, plus de onze à douze mille âmes
pour les grandes privations, lesquelles étoient et
crois qu'il n'est jamais ouï parler de nulle disette et
où jamais on ait plus pâti, ni qui que ce soit
jamais trouvé aucune histoire de siége où l'on ait
plus enduré. Bref toutes choses à remarquer et à
dire qu'il faudroit beaucoup de temps à rapporter.
Or loué soit Dieu qui nous a fait trouver grâces,
faveur et miséricorde envers notre bon Roi, lequel
je prie le combler de toutes ses bénédictions et lui
donner heureuse et longue vie et le préserver de
tous maux !

Retour des députés de cette ville et fut à même instant
sonné le conseil où ils furent ouïs.

Le samedi, 28, M. le Maire fait sonner le conseil
pour ouïr lesdits députés de cette ville sur les propositions faites au nom du Roi par M. le Cardinal et
M. le comte de (Soissons?) et autres seigneurs qui
y étoient, que l'on nous donneroit très bien l'exercice
de notre Religion et l'honneur des femmes et des
filles, sans aucun pillage, ce que le conseil trouva
fort bon, et fut dressé articles pour cet effet et
nommé pour adjoint auxdits députés y nommés M.
Berne, sieur d'Angoulins, de Jousseran et du Pont
de la Pierre, et M. de la Goutte, [1] conseiller du Roi,
lesquels bougèrent à l'heure précise où M. Arnauld
les attendoit à la porte de Cougnes, où ils allèrent
jusqu'au fort de Beaulieu, et là leur fut présenté un
carrosse pour aller audit lieu de la Sauzay, où étant,
trouvèrent toutes les affaires disposées selon la
promesse que l'on leur avoit faite, et furent accordés
lesdits articles par ledit seigneur qui étoient de la

(1) Noble homme Daniel de Lagoutte, avocat du Roi au
Présidial de 1596-1614, pair en 1606, député du Corps-de-Ville à
l'Assemblée de la Rochelle en 1620, et aux Etats-Généraux de 1615,
député vers le Roi en 1610, 1613, 1625. En 1627, en Angleterre,
il avait épousé Marthe de Picassary dont il eut deux fils, Jean et
Daniel, avocat, sénéchal, maître des eaux et forêts du comté de
Benon. — Nous ignorons s'il faut rattacher à la même famille le
colonel de dragon François-Xavier Delagoutte du Vivier, fait
commandeur de la Légion-d'Honneur le 11 août 1869, après 41
uns de services.

part du Roi et qu'ils s'assuroient qu'en députant par
devers Sa Majesté, le Roi leur accorderoit lesdits
articles ; et couchèrent nosdits députés audit lieu
de la Sauzay et ne revinrent que le lendemain
matin.

Retour des députés de cette ville avec les articles accordés
sous le bon plaisir du Roi.

Le dimanche, 29 dudit mois d'octobre, lesdits
députés vinrent à porte ouvrante accompagnés de M.
Arnauld, où ils apportèrent lesdits articles et qu'il
falloit les homologuer au conseil pour les porter à
Sa Majesté, qui pour lors étoit à Laleu, ce qui se fit
à la même heure.

Arrivée des députés du conseil à Laleu, et miséricorde
du Roi accordée à ceux de cette ville.

Et furent nommés audit conseil pour députés,
M. Touppet, M. de la Vallée, [1] M. de Beaupreau, M.
Huet, et M. Godeffroy, avocat, où ils bougèrent tous
ensemble à l'après-dîner, accompagnés de plusieurs
bourgeois de cette ville, et sortant à la porte Neuve
ils vont trouver Sa Majesté au bourg de Laleu, où
ils se jettent à genoux à ses pieds et le supplient
selon ses bénignes grâces, ses faveurs et miséri-
cordes accoutumées, les recevoir à merci et
componction et leur donner la vie et de tous les
habitants et soldats qui étoient demeurés de reste
en cette ville, et lui présentent lesdits articles, les-

---

(1) Jacques Prévost, sieur de la Valléo.

quels Sadite Majesté, après les avoir vus, selon ses
grâces et faveurs accoutumées, leur accorde et leur
promet qu'il leur feroit entretenir de point en point,
et commande promptement de les faire expédier et
entériner lesdits articles, ce qui fut fait incontinent,
et retournèrent nosdits députés le jour même et
entrent à la porte des Deux-Moulins.

Entrée du régiment des gardes.

Le lundi, 30 dudit mois, le régiment des gardes
entre en cette ville sur le midi, et se va placer en
le Perrot et tout le long de la rive, et le régiment
des Suisses demeure à la porte de Cougnes et en
tout ce quartier de la ville neuve, sans que aucun
fît aucun tort ni déplaisir à pas un des habitants.

Entrée des vivres en grand nombre en la ville et à bon prix.

Et y entrent quelques vivres comme de pain et
de viande et fort peu qui se vend assez cher, mais
beaucoup à dire de ce qui s'étoit vendu durant le
siége, et y en eut qui en mangèrent en telle quantité
et abondance que plusieurs en moururent subi-
tement et d'autres qui en furent si malades qu'ils
en allèrent bien près.

Le mardi, dernier jour dudit mois, il entre grand
nombre de vivres en la ville, tant de pain, vin,
viande, volailles, qu'autres commodités, que toutes
choses se donnoient au même prix qu'ils se

vendoient à l'armée, et aussi que Sa Majesté fit publier, à peine de punition corporelle, de ne le vendre davantage.

Entrée du Roi en la Rochelle. — Retour du Roi à Laleu.

Le mercredi, 1er jour de novembre 1628, fête de Toussaint, le Roi fit son entrée en cette ville, sur les trois heures après midi, entra par la porte de Cougnes et fit descente au logis de Mlle le Goux [1] où de là fut à Sainte-Marguerite [2] accompagné de tous les princes et seigneurs de la Cour et M. le Cardinal, où fut chanté le *Te Deum laudamus* et fut faite une très grande réjouissance par toute la ville, et surtout par les habitants, et fut tiré tout le canon de la ville et ceux qui étoient sur les vaisseaux près de la Chaîne. Ce fait, retourna, et s'en fut coucher à Laleu.

Le lendemain, jeudi, 2me jour dudit mois, le Roi revint bon matin et fut ouïr la messe, vient dîner et tout l'après-dîner promène tout autour des fortifications de cette ville où il se parle de la faire démanteler et raser.

(1) Aujourd'hui hôtel de la bibliothèque et du musée de peinture.

(2) Eglise des Frères de la doctrine chrétienne.

Procession générale par la ville.

Le lendemain, vendredi, 3ᵐᵉ jour dudit mois de novembre, le Roi commande de faire tendre les principales rues de cette ville pour y passer la procession, ce qui fut incontinent fait, où le Roi assista à ladite procession accompagné de tous les princes et seigneurs de sa Cour, en très grand nombre, chose très belle à voir et où toutes choses étoient très bien ordonnées.

Commencement de la démolition des murailles de la Rochelle.

L'après-dîner, le Roi commande de travailler à la démolition des murailles, ce qui fut commencé en présence de Sa Majesté, depuis la porte Maubec jusqu'à la porte de Saint-Nicolas.

Le samedi, 4 dudit mois, le Roi fit cesser ladite œuvre et n'y fut point travaillé pour quelques considérations.

Sortie du régiment des gardes de la ville.

Le lundi, 6 dudit mois 1628, et les autres jours suivants, jusqu'au mercredi, les régiments des gardes et les Suisses furent commandés par Sa Majesté de sortir, et vient en leur place quatre régiments, savoir : celui de la Meilleray et du Plessis-Praslin, Castel-Bayard et de Chapes.

Le Roi sort de la ville et s'en retourne à Paris.

Le samedi, 18 dudit mois de novembre 1628, [1]
le Roi bougea de cette ville pour s'en retourner à
Paris, accompagné de tous les princes et seigneurs
de sa Cour, et laissa ici pour intendant à la justice
et à la police, M. de la Tuillerie, [2] et sur les gens
de guerre qui sont quatre régiments et compagnies
du régiment des gardes, M. de Vignolles et M. de
Saint-Chaumont pour commander en Ré.

Le dimanche, 19 dudit mois 1628, le prêche fut
fait au lieu de Saint-Yon par permission de tous ces
Messieurs, jusqu'à ce que le Roi ait donné place

(1) Le journal de Pierre Mervault s'arrête au 18 novembre 1628.

(2) On a trouvé dans les vases de l'avant-port un jeton en cuivre
très fruste frappé en 1629 en l'honneur de cet intendant. Sur
un des revers on voit, dit le Mercure galant de décembre 1696,
les armes de l'intendant (un sautoir accompagné de trois
croissants et timbré d'un casque posé de face avec ses lambre-
quins) avec une légende dont voici le texte :

Mⁱˢ G. COIGNET. DE. LA. THVIL. CON. DV. ROY. Mᵗʳᵉ ORD. DES,
REQVESTES. INT. DE. LA. IVSTICE. POL. FIN. ET. MAR. ES. PAIS. DE,
POICT. XAINT. AVLN. VILLE. ET. G. DE. LA. ROCHELLE. ET. ISLES.
ADIACENTES.

Sur l'autre revers est la ville de la Rochelle dans un
enfoncement, sans murailles, ayant au-devant d'elle une justice
qui la couvre, tenant sa balance dans une main et son épée
dans l'autre, et pour légende ces mots latins : HÆC. MIHI. MVRVS.
ERIT., et dans l'exergue : 1629.

pour le faire ailleurs, et prêcha ledit jour M. de Lhommaux [1] au premier prêche, et aux prières, M. Coulommiez. [2]

Le lundi, 27 dudit mois de novembre, fut commencée la démolition de tous les forts et lignes qui avoient été faits durant le siége, et y fit-on travailler plus de deux mille hommes. Premièrement on commença ledit jour à démolir le fort près la porte de Cougnes et celui y joignant comme on va au boulevard de l'Évangile et de les saper et miner.

Le dimanche, 10 décembre 1628, M. le Prince est venu en cette ville pour voir la digue et les forti-

---

(1) Samuel de Lousmeau, après avoir exercé quelque temps la profession de médecin, vint comme pasteur desservir l'Église de la Rochelle, en 1594, et y demeura jusqu'en novembre 1630. Il avait épousé en premières noces Marie Hamelot. Devenu veuf, il se remaria avec Anne Masse. Il assista au Synode national de Vitré en 1617, s'attira l'estime particulière de Duc Plessis-Mornay, et mourut en 1637. Son fils Pierre se fit remarquer, dès l'âge de dix ans, par sa profonde connaissance de la langue hébraïque.

(2) Hiérôme Colomiez, descendant d'une famille de Béarn, « très savant et grand prédicateur, » au témoignage du P. Brière, reçut l'imposition des mains de Merlin le 23 janvier 1600; devint en 1617 principal du collége, épousa, le 6 mai 1601, Louise Chastellier, et exerça le saint ministère jusqu'en novembre 1645. Il fut enseveli le 10 octobre 1647, à l'âge de soixante-douze ans environ, laissant un fils, Jean, médecin habile, père du célèbre érudit Paul Colomiez. Il fut député en 1614 au Synode national de Tonneins, et en 1616 à l'assemblée des six provinces de l'ouest. Cette maison portait « de gueules au château sommé de trois tours d'argent. »

fications, ce qu'il fit dès le lendemain, et le mardi, 12 dudit mois, s'en est allé, et n'avoit avec lui que vingt-cinq à trente chevaux.

Le lundi, de nuit venant au mardi, 12 dudit mois, la barque de Gabiou, passager de Marennes, [1] venant en cette ville, s'est perdue au travers des machines, à la digue, pensant passer d'un mauvais temps, et s'est perdu plus de soixante-dix à quatre-vingts navires, personne ne s'en étant sauvé que quelques trois ou quatre, dont étoit l'un ledit Gabiou, et capitaine du Roi de Chastain.

Le jeudi, 30 mai 1629, le régiment du Plessis-Praslin est sorti de cette ville, sur les six heures du matin, et s'en est allé loger à Saint-Laurent et à Fouras pour s'en aller trouver le Roi.

Le lundi, 8 d'octobre 1629, est sorti de cette ville

(1) Il existe une famille ancienne et honorable de ce nom, dans l'arrondissement de Marennes, qui professe encore aujourd'hui le culte réformé.

« Le beau temps finit le jour même de la capitulation, dit » Pontis ; le 7 novembre suivant, la mer fut si furieusement » agitée qu'elle rompit quarante toises de la digue, et le vaisseau » du chevalier de la Fayotte, poussé par un coup de vent dans » le port, rompit trois ou quatre machines sans s'endommager, » de manière que si Guiton se fut entêté de tenir encore un mois, » comme il l'auroit pu, nous étions en grand danger de perdre » en un jour le fruit de tant de travaux et d'un si long siége. » Le mauvais temps joint à la rupture de la digue auroit infailli- » blement procuré du secours aux assiégés »

Contraste insuffisant
NF Z 43-120-14

Illisibilité partielle

Valable pour tout ou partie
du document reproduit

huit compagnies du régiment de Chappes pour s'en aller en Ré, et ont embarqué au Plomb, et le lendemain, 9 dudit mois, repassent sept ou huit compagnies du régiment des gardes qui étoient en Ré, et descendirent au Plomb et furent loger à la Jarne pour aller pareillement trouver le Roi.

Le lundi, 8 d'octobre 1629, les régiments de M. de Castel-Bayard et celui de M. la Meilleraye sortirent de garnison de cette ville par le commandement du Roi et furent ledit jour loger, savoir, celui de Castel-Bayard à Bouet et ès lieux circonvoisins, et celui de la Meilleraye à Saint-Sauveur de Nuaillé, à Ferrières et à Saint-Jean de Liversay.

Le 3 ou 4 de juillet 1630 fut commencée à démolir la citadelle de Ré par le commandement du Roi, et y passa M. de Saint-Chaumont pour cet effet, comme gouverneur de cette île de Ré.

Le Registre du Greffe des Conseils tenus en la maison commune de l'Eschevinage de la Rochelle, au son de la cloche et manière accoustumée par Messieurs les Maires, Eschevins, Conseillers et Pairs de laditte ville en la mairie de Jean Godeffroy, escuier, sr du Richard, eschevin de laditte ville (1627), s'ouvre par la *Prière pour l'entrée du Conseil* et l'*action de grâces après le Conseil*, suivies des listes que nous reproduisons pour la première fois.

MATRICULLE de Messieurs les Maire, Eschevins, Conseillers et Pairs du Corps et Collége de la Maison Commune de la ville de la Rochelle, selon l'ordre qu'ils ont été appelléz en la grand'chambre, le dimanche, jour de Quasimodo, trantiesme d'apvril mil six cent vingt-huict, en la mairie de Jean Godeffroy, escuyer, sieur du Richard :

MONSIEUR LE MAIRE.

André Touppet, escuier.

Conseillers :

Jean Guiton, escuier ;
Jean Berne, escuier.

Maîtres :

Marc Pineau l'aisné, escuier;
Jean Thévenin l'aisné, esc.;
Isaac Blandin l'aisné, esc.;
François Prévost, escuier;
Jean Thévenin, escuier;
Jacques David, escuier ;
Paul Yvon, escuier ;
Jean Prou, escuier ;
Isaac Blandin, escuier ;
Estienne Gauvaing, escuier ;

Eschevins :

Josué Gargouilleau, escuier ;
Jacques Chollet, escuier ;
Jean Gendrault, escuier ;
Jean Pascault, escuier ;
Pierre Thévenin, escuier ;
Samuel Guillemin, escuier ;
Charles Coullon, escuier ;
Pierre Guillaudeau, escuier;
Mathieu Denebault, escuier ;
Jean Demirande, escuier.

Esleus :

Noble homme Joël de Lorrière ;

Jean Huet, escuier;

Noble homme Pierre Talle-
mant;

Noble homme Benjamin de
la Salle;

Noble homme David Papin;

Pairs:

Pierre Viette l'aisné;

Jean David, escuier;

Jean Dujau, escuier;

M⁰ Daniel de la Goutte;

Henry Guiton, escuier;

Gabriel Manigault;

André David, escuier;

M⁰ François de Bousseroau;

Moyse Hoyssard;

M⁰ Simon Thévenin;

Michel Reau;

Jacques Ozanneau;

Jean le Royer;

Jacques Billaud;

Jacques Mignonneau, esc.;

M⁰ Jean Gaschot;

Jean Deschamps;

Jean Broussard;

Samuel Georges;

Israël Torteruc;

David Maurat;

Jean Papin;

Jean Torteruc;

Estienne d'Harriette;

Josué Guillen;

Jean Bernon;

François Piguenit, escuier;

Abraham Tessereau;

Jean Berohault;

Jacques Cochon, escuier;

Jean Tharay;

Jean Payault;

Jean Grenouilleau;

Jacques Sicault,

Daniel Gilles;

Daniel Braignau;

Daniel Guiton, escuier;

Isaac Manigault;

Pierre Touppet;

Paul Cognard;

Pierre Raclet;

Estienne Godeffroy, escuier;

Pierre Oyseau;

M⁰ Jacques Riffauld;

Samuel Bernardeau;

Pierre Mignot;

Pierre Dacherin;

Paul Mervault;

Antoyne Allaire;

Jacques Loyault;

Jacob Guibert, escuier;

Jean Sarrault;

Jacques Prévost, escuier;

Abraham Portus;

Jacques Aigret;

M⁰ Mathieu Tessereau;

Samuel Bonnault;

Estienne Gaschot;

Jacques Bibault;

Henry Bardet;

Marc Pineau, escuier;

G

Jean Périer ;	Samuel Tartas ;
Jacques Vacher, escuier ;	Louis Gardes ;
Jean Girauld ;	Mᵐᵉ Michel Brunet ;
Jacques Godeffroy, escuier ;	
Daniel Barrault ;	Samuel Mercier, reçu le 27
Pierre Viette ;	avril 1627, à la place de
Jacques Robin ;	Jean de Berrandy.

OFFICIERS nommés par Messieurs les Eschevins assemblés en leur chambre le jeudy après Quasimodo, et acceptés par Jean Godeffroy, escuier, pour faire leur charge en la présente année, dont pour cet effet ils ont presté le serment :

Conseillers :	Coadjuteurs à la justice :
Pierre Thévenin ;	Jean Thévenin, l'aisné ;
Jean Thévenin ;	Jean Berne ;
Samuel Guillemin ;	Abel Barbot ;
François Prévost ;	Charles Coullon.
Charles Coullon ;	
Jean Prou ;	
Pierre Guillaudeau ;	Secrétaire des Conseils :
Estienne Gauvaing ;	
André Touppet ;	
Marc Pineau ;	Jean Gaschot ;
Mathieu Denebauld ;	Henri Guiton ;
Jean Demirande.	Jean Deschamps.

Procureur de ville :   Pierre Sansson.

Samuel Georges ;
Ieraül Torterue ;
Isaac Manigauld.

Cappitaine de la tour Saint-
Nicolas :

Estienne d'Harriotte ;
Pierre Mestayer ;
Jean Broussard.

Trésorier :

Moyse Huyssard ;
David Maurat ;
Jean Grenouilleau.

Cappitaine de la tour de la
Chesne :

Jacques Riffauld ;
Jean David ;
Jean Berchauld.

M^{rs} d'œuvre :

Jean Bernon ;
Pierre Raclet ;
Jacques Cochon.

Cappitaine de la tour du Garrot :

Daniel Braignau ;
André David ;
Jean Baunay.

Contrôleurs de l'œuvre :

Abraham Tinault ;
Jacques Mercier ;

———

Jeudy, 4me jour de may 1628 :

Maire : Jean Gurron, escuier, eschevin cy-devant.

Conseillers :

Jean Thévenin l'aisné ;
Josué Gargoulleau ;

Jacques Chollot ;
Jean Berne ;
Isaac Blandin ;
Paul Yvon ;

Jacques David ;
Jean Gendrault ;
Isaac Blandin l'aisné ;
Jean Pascault.
Jean Godeffroy.

Pour Coadjuteurs à la Justice :

Jean Guiton ;
Jacques David ;
Pierre Guillaudeau ;
Estienne Gauvaing.

Pour Secrétaire des Conseils :

Jean Gaschot ;
Jacques Mignonneau ;
Pierre Raclet.

Pour Procureur de ville :

Samuel Georges ;
Gabriel Manigauld ;
Jacob Guibert.

Pour Trésorier :

Isaac Manigault ;
Pierre Oyseau ;
Abraham Portns.

Pour Mre d'œuvre :

Samuel Bernardeau ;

Pierre Mignot ;
Antoyne Allaire.

Pour Conterolleur de l'œuvre :

Samuel Pagez ;
Abraham Moucheron ;
Jean Sauvaget.

Pour Cappitaine de la tour Saint-Nicolas :

Jacques Cochon ;
Jean Berchault ;
Pierre Dacherin.

Pour Cappitaine de la tour de la Chesne :

Jean Sarrault ;
Jean Papin ;
Jean Grenouilleau.

Pour Cappitaine de la tour du Garrot :

Jacques Prévôst ;
Jean Payault ;
Daniel Gilles.

TABLE

ERRATA

Page 11, note (1), au lieu de : René II, *comte* de Rohan, lisez : René II, *vicomte* de Rohan.

Page 80, note (1), au lieu de : *Duc* Plessis-Mornay, lisez : *Du* Plessis-Mornay.

La Rochelle, imprimerie A. Thoreux.

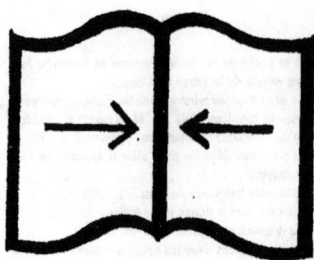

RELIURE SERREE
Absence de marges
intérieures

Siege de La Rochelle

Le ... may ... no ... Juillet 1627 par
Anglois ... naual ...
Le ... jour ... du ...
capital ... de la ... S... R...

Le Mecredy ... mois ...
Jauin en Patrouille ... Scou...
...
quy estoit de la compagnie de ...
...
... gentilhomme angloi
... de jour et jour ... de l'este
... le maior de la
... et ... naualle
... pour ... de la ...

www.ingramcontent.com/pod-product-compliance
Lightning Source LLC
Chambersburg PA
CBHW052156090426
42741CB00010B/2290